Una alpargata
y un zapato

María Carmen Jiménez García

bubok
www.bubok.es

© Una alpargata y un zapato
© María Carmen Jiménez García
ISBN: 978-84-686-2211-8
Editor Bubok Publishing S.L.
Impreso en España/*Printed in Spain*

Índice

INTRODUCCIÓN

Durante los fines de semana y en vacaciones, nos gustaba caminar por el monte recorriendo los caminos forestales que entre los pinos, rodean las afueras de nuestro pueblo.

Yo esperaba aquellos largos paseos con mi padre, con la misma ilusión que muchos años antes, cuando era niña y él nos llevaba a todos los críos de la familia, y a los que se juntaban con nosotros, para bañarnos en las balsas de riego. Lo esperábamos con los bañadores puestos, las toallas al hombro, formando una alegre algarabía al subirnos unos encima de los otros, para poder entrar en el coche. Era estupendo ir con él, porque además de cuidarnos, nos enseñaba a nadar, a competir y a divertirnos.

Al igual que todas aquellas personas que le conocieron en profundidad, siempre he adorado a mi padre y he ansiado que llegase el momento de estar con él, porque para mí ha sido refugio, bienestar y apoyo.

Siendo yo adolescente se iniciaron nuestros paseos. Salíamos a caminar con la sana intención de ponernos fuertes y aprovechábamos la oportunidad, para conversar y estar juntos. Hablábamos de cualquier cosa, comentábamos lo que estábamos leyendo, nos reíamos con los nuevos y los viejos chistes. Él conocía muchas fábulas, leyendas y chascarrillos, que siempre venían a cuento.

Durante tantos años caminando juntos, hemos hablado sobre las cosas que han ido pasando en nuestras vidas, orientándome siempre de modo sencillo y certero, cuando le contaba mis circunstancias o le planteaba las dudas que me surgían.

A veces le preguntaba por su pasado y le pedía que me hablase de sus orígenes, que también son los míos, entonces mi padre recordaba su vida. Tenía la capacidad de trasladarme a sus recuerdos, como si yo misma los estuviese viviendo.

–"¿Por qué no los escribes?" – Le pregunté en más de una ocasión.

–"Porque escribir es difícil" – Me contestaba – "Se necesita mucho tiempo y dedicación para conseguir que una narración sea, como mínimo, amena."

Algunos años después comencé a interrogarle. Decía que en vez de veterinaria, debería haberme hecho reportera, y ya sospechaba que algo me traía entre manos, cuando le mostré la grabadora que llevaba en mi bolsillo.

Aún tengo grabada su expresión de sorpresa y alegría cuando preguntó:

–"¿Por qué no me lo habías dicho?"

–"Es que no quiero que se me olvide" – le contesté – "Y además vamos a escribirlo".

Este libro es una colección de los recuerdos de mi padre, ordenados cronológicamente, con la intención de que quien lea estas páginas, también camine con nosotros y escuche sus memorias. El resultado ha sido un largo recorrido en nuestra historia y el acercamiento a una personalidad extraordinaria, forjada en una época de grandes dificultades socioeconómicas que agravaban los infortunios personales.

Los psicólogos definen el término "resiliencia" como la capacidad que posee un individuo frente a las adversidades, para mantenerse en pie de lucha, con dosis de perseverancia, tenacidad, actitud positiva y acciones, que permiten avanzar en contra de la corriente y superarlas.

La vida de mi padre, que siempre estuvo repleta de azarosas circunstancias, es un claro ejemplo de individuo con esa cualidad.

Todo el relato está narrado en primera persona, tal y como él me lo iba contando en su fluida y natural forma de describir los acontecimientos. Las correcciones de estilo son mínimas, ya que su dominio del castellano era excelente, debido a su condición de insaciable lector y buen conversador.

Todo cuanto aquí digo
es verdad.

Antonio Jiménez.

CAPÍTULO 1º

MI ABUELA

Mi abuela nació en Archivel, una pequeña población situada en el noroeste de Murcia, muy cercana a los límites de provincias con Albacete, Jaén, Granada y Almería. Ella se llamaba María y pertenecía a la humilde familia de "los Boteros".

Una mañana, siendo niña, su madre la despertó temprano, antes de que subiera más el sol, para que fuese a coger hierba.

Se vistió, se tomó su tazón de leche con sopas de pan y cogiendo el carretón, se dirigió por la orilla de la acequia, hacia el nacimiento de agua del pueblo, donde la hierba era más alta y abundante.

Cuando llegó, otros niños ya estaban por allí recogiendo verde para los animales. Comenzó a corretear con sus amigas, mientras que un muchacho, para sorprenderlas, se escondió entre los juncos y, justo cuando pasaban, se interpuso de un salto en su camino, con tan mala fortuna, que uno de los juncos se dobló y se le clavó a ella en el ojo izquierdo.

Corrió con el ojo herido hacia su casa. Allí su madre se lo lavó con manzanilla y se lo alivió con paños limpios y calientes, también le dieron de beber infusiones de tomillo y romero. Pero, aunque la infección no se generalizó, perdió el ojo.

A pesar de haber quedado tuerta, mi abuela se convirtió en una mujer guapa y con muy buen cuerpo. Se casó muy joven, con mi abuelo, que se llamaba José María Jiménez, con el que tuvo dos hijos, a mi tío José que era el mayor, y a mi padre que se llamaba Felipe.

Mi abuelo José María pertenecía a la familia de "los Tronchos" que vivían en el Campo de Arriba de Archivel, apodados así por ser gente de baja estatura, gran fortaleza física y con fama de tozudos y peleantes. Se dedicaban al esparto, a las plantas aromáticas y en general, sobrevivían del monte. Aunque también echaban jornales cuando los requerían, y mercadeaban con sus burras por los cortijos intercambiando mercancías. Porque en aquellos tiempos, el dinero era muy escaso y la forma más común de comerciar era el trueque, donde se utilizaban determinados productos básicos, como los huevos, el tabaco o la miel, como unidades de valor para tasar los intercambios.

Pero mi abuelo murió muy joven, de repente, por un fuerte dolor de barriga después de haber comido naranjas.

En aquella economía de subsistencia, la pérdida del hombre de la casa, era una calamidad tan grande, que mi abuela tuvo que dejar a sus dos hijos, para ponerse a servir en la cercana ciudad de Cehegín.

Mi padre, con dos años, se quedó a vivir con su abuela materna, que vivía en Lorca, mientras que mi tío, con siete años, se quedó empleado de borreguero con un pastor, en el pueblo.

Mi abuela se colocó de sirvienta en una casa donde tenían, como negocio familiar, una próspera tienda de tejidos. Ella aprovechaba cada oportunidad que se le presentaba, para ir a ver a sus dos hijos. Aunque el dueño de la casa la dejaba ir a regañadientes, porque en el viaje desde Cehegín hasta Lorca, se tardaba un día y medio. Tenían que hacer noche por el camino, en alguna de las fondas que existían por la aldea de La Paca. Después necesitaban otro día y medio para volver, eso sin contar el tiempo correspondiente para acercarse a Archivel. Pero ella le recordaba al dueño, que se había ido a servir allí con la condición de poder visitar a sus hijos.

Por aquella circunstancia mi abuela ganaba algo menos, que de todas formas era muy poco, porque en esa época, se podía tener una sirvienta todos los días de la semana, las 24 horas del día, prácticamente por la manutención.

Ella temía que se cansaran de tener una criada que perdía tanto tiempo de trabajo. Por eso, mientras viajaba, pensó en la posibilidad de que se utilizasen sus traslados para comprar y vender los tejidos de la tienda, ya que Lorca era una de las principales ciudades comerciales de Murcia, y allí residían algunos de los proveedores de la tienda. También en Archivel se podían vender los tejidos a los mismos compradores a quienes abastecían los proveedores de Lorca.

Cada vez que lo pensaba, más acertada veía aquella posibilidad. Así que, a sabiendas de que cualquier propuesta por parte de un inferior, podía ser tomada a mal, en la siguiente ocasión en la que pidió permiso para ir a ver a sus hijos, le preguntó al dueño: –"¿Quiere usted que haga algún mandado en Lorca?".

Después, cuando fue al pueblo, también preguntó a los que compraban tejidos, si querían algún mandado. Transcurrido un tiempo, el dueño, a pesar de sus reservas, comprobó su honestidad y las ventajas de tener a una mensajera fiel, habitual y agradecida.

Así fue como mi abuela pudo frecuentar más a sus hijos, sin temer por su trabajo y, de paso, también aprendió el oficio del comercio de tejidos.

Al cabo de los años, cuando sus hijos se hicieron hombres y valieron para trabajar, volvió definitivamente al pueblo, donde instaló su propia tienda de tejidos. Mi padre había cumplido ya los 16 años.

Era una época en la que todos los caminos eran de herradura y todos los cortijos y caseríos estaban habitados, lo que hacía que Archivel tuviera una situación geográfica privilegiada para el comercio. Por eso, muchos de sus habitantes se dedicaban a la venta ambulante, hasta tal punto, que se decía que *"Cuando Cristóbal Colón descubrió América, se encontró con un Archivelero vendiendo romanas"*.

A todos aquellos comerciantes que iban con sus bestias de carga por los caminos, para negociar en los pueblos y cortijos, se les llamaba arrieros y su oficio era la arriería.

Mi tío y mi padre se hicieron arrieros, mientras que mi abuela, a la que todos conocían como "la tía botera", atendía en la tienda y llevaba la contabilidad, a pesar de ser analfabeta, porque se las arreglaba muy bien dibujando una marca para cada cliente, y las pesetas las hacía como cruces, los duros los hacía redondeles grandes, los reales los hacía redondeles pequeños, las perras gordas de 10 céntimos, eran rayas largas y las perras chicas, rayas cortas.

Empezaron a ganar dinero y a vivir bien. Como ella aún era joven y guapa, se vio asediada por un montón de pretendientes, de los que eligió a uno, con el que no se pudo casar, porque estaba separado, pero se juntaron y tuvo una hija a la que puso de nombre Encarnación, pero a la que todos llamaron "La Boterilla".

Mi padre con
su abuela.

Mi abuela María
con su hija
Encarnación.

CAPÍTULO 2º

MIS PADRES

Mi padre se llamaba Felipe, era un muchacho de carácter noble y valiente. Su madre se quejaba de que la abuela se lo había criado sin civilizar, sobre todo cuando tenía que ir a sacarlo del cuartelillo por haberse tirado de espontáneo en la plaza de toros de Caravaca.

Soñaba con ser torero, era un gran aficionado a la fiesta de los toros, admirador de Belmonte, del Gallo y de otros matadores de su época. Siempre que viajaban por Andalucía, donde intercambiaban los tejidos por aceite, tenía que dar algún pase en cada una de las ganaderías de reses bravas que se encontraban por el camino.

Le gustaba demostrar su valor. Fue de los pocos que se descolgaron con cuerdas por un cortado, donde anidaban los buitres, llamado el Cenajo de las Buitreras. También se metió en el pasadizo que comunicaba el centro del pueblo, con la torre que existía encima del Cerro de las Fuentes, porque desde siempre se ha dicho, que cuando los moros se fueron de Archivel, pensando que volverían, hicieron en aquel túnel, tres habitaciones y las dejaron repletas: Una con armas, otra con grano y otra con oro. Pero al poco rato de entrar en el pasadizo, mi padre tuvo que volverse, porque la corriente de aire apagaba las antorchas.

En otra ocasión, durante un viaje, le avisaron que no siguiera o que cambiara su ruta, porque había maleantes en el camino. Pero él sin hacer caso, continuó el viaje por el mismo sitio donde tenía previsto. Cuando los maleantes le salieron al paso, uno de ellos se le acercó y le pidió fuego. Entonces él, sacando en una mano el mechero y en la otra mano la pistola, le preguntó:

–"¿De cuál quieres? ¿De éste o de éste?".

Después, a punta de pistola, expulsó a los asaltantes de donde estaban apostados, diciéndoles que si él se enteraba de que molestaban a algún arriero honrado, volvería a por ellos.

Mi padre tenía 19 años cuando se llevó a mi madre, que tenía 17 años. En aquel tiempo, aquello era como casarse, aunque nunca llegaron a firmar papeles.

Se hicieron novios en las fiestas que organizaban en el pueblo, porque mi padre sabía tocar la guitarra y mi madre cantaba como los propios ángeles.

Ella había aprendido a cantar en la casa de los señoritos donde servía desde los 9 años, porque allí tenían un gramófono. Decían que además de tener muy buena voz, tenía tan buen oído y tan buen gusto al sentir e interpretar las coplas, que cantaba las canciones flamencas de "la niña de los peines", mucho mejor que los discos. Incluso quisieron llevársela a Madrid, pero para entonces ya conocía a mi padre y no quiso marcharse.

Mi madre se llamaba Manuela, nació con el siglo, en una de las familias más pobres del pueblo. Era la mayor de 7 hermanos y, además de de cantar maravillosamente, era muy graciosa. Tenía lo que por estas tierras se llama "buena sombra" y, con sólo abrir la boca, provocaba la risa y el buen humor.

Debió ser por estas cualidades, que le hacían sentirse valorada, por lo que le encantaban las fiestas y las francachelas, hasta tal punto, que mi abuela María decía que a ella se le olvidaba todo cuando estaba de fiesta, y que fue por su juventud y por su mala cabeza, por lo que se murió de pulmonía el primer hijo que tuvieron. Pero cuando yo nací, mi madre ya tenía 20 años, y mi padre la advertía muy bien antes de irse a sus viajes de arriería, diciéndole que tuviese cuidado conmigo, que como me pasara algo, ella también peligraba.

Yo nací el 10 de enero de 1921, me pusieron de nombre Antonio. Mi padre me reconoció legalmente como hijo suyo, me bautizaron en la iglesia de Archivel. Mis padrinos fueron el hermano de mi padre y su mujer.

Mi tío Pepe era muy trabajador, aunque tenía un carácter huraño. Mi abuela lo disculpaba diciendo que había pasado su niñez con falta de cariño.

El negocio familiar iba muy bien, pero aquello, en vez de ser motivo de alegría, provocaba constantes peleas entre mi padre y su hermano que, por ser el mayor, se sentía con más autoridad.

Me contaron que antes de aquel último viaje de arriería, se pelearon, y que mi padre atravesó la guitarra con la cabeza de mi tío y le dijo:

–"También te puedes quedar con esa corbata".

Después no volvieron a hablarse, porque mi padre se fue con un amigo a hacer aquel viaje, donde se enteraron de que en Barcelona necesitaban trabajadores para picar bajo tierra, en la construcción de las líneas del metro. Vendieron los burros y se fueron, y en cuanto se colocó, escribió a mi madre para que nos fuésemos en el tren.

CAPÍTULO 3º

LOS PRIMEROS AÑOS

En Barcelona vivíamos en unas barracas de cartón-cuero que estaban en Montjuïc. Allí, mis primeros juegos fueron con las familias de raza gitana, con las que establecimos amistad. Por lo visto, yo era tan blanco que, para que el sol no me quemase, ellos estaban continuamente cubriéndome con sus sombreros. Debe ser por eso, por lo que he sentido siempre, tanta simpatía por los de raza Calé.

Un amigo de mi padre me contó que estando recién llegados a Barcelona, inauguraron un polideportivo llamado "Piscinas y Deportes" y para promocionarlo, el Ayuntamiento dejó entrar gratis a la gente. Se formó una larga cola para subir a los trampolines. Delante de mi padre y su amigo, iba un hombre que cuando le tocó tirarse por el trampolín, tuvo miedo y decidió darse la vuelta, pero el guardia se lo impidió diciendo que tenía que tirarse, porque había mucha gente. Entonces mi padre intervino:

–"¿Cómo que tiene que tirarse? Si él no quiere ¿A cuento de qué se va a tirar?"

Se pelearon a puñetazos y terminó tirando al guardia desde el trampolín, vestido y con gorra, a la piscina.

Barcelona estaba viviendo tiempos de ruptura social. Eran muy frecuentes los enfrentamientos entre la clase obrera y la oligarquía tradicional que temía perder sus privilegios.

Estos conflictos venían produciéndose en toda España, desde hacía algunos años, y se debían al enorme encarecimiento de la vida causado por la primera guerra mundial.

El descontento había logrado unir a toda la clase obrera mediante un pacto de alianza entre la UGT y la CNT, ya que ambas organizaciones eran conscientes de que por separado, no tenían fuerza suficiente para conseguir ninguna mejora.

Pero en Barcelona la agitación social era especialmente intensa, debido a los numerosísimos trabajadores de su próspera industria, y a la rica y poderosa burguesía catalana, que ejercía una dura represión. Por eso allí se vivía una lucha violenta y desigual, donde los pistoleros a sueldo proliferaron para imponer la ley del más fuerte.

La CNT había creado el "Sindicato Único", que se estructuró en ramos de oficios, para acumular a todos los obreros de un mismo ramo, a fin de conseguir más presión en las huelgas y así, forzar las negociaciones.

En respuesta, la patronal creó también su propio sindicato, al que llamo el "Sindicato Libre".

Mi padre por su valentía y sentido personal de la justicia, se sintió atraído por las ideas de la CNT y se afilió al sindicato. No tardó en sobresalir en el "Único". Para él significó estar mejor retribuido y dejar el pico y la pala.

Escribió a su familia de Archivel diciendo que estaba bien, y les envió algunos regalos, entre ellos, una caja de puros para su hermano.

Aunque mi abuela y mi tío no sabían escribir, encontraron en el pueblo a alguien que sí sabía, y escribieron una carta a mi padre, fechada el 15 de enero de 1923. En esa carta, mi tío Pepe pedía a mi padre que le construyese una barraca para él y su familia, porque tenía la intención de emigrar también a Barcelona.

Creo que mi padre no llegó a leer aquella carta, porque poco después, cuando él estaba comiendo en una fonda de la calle Salmerón, entraron en la fonda cuatro hombres y preguntaron en voz alta:

–"¿Quién es Felipe Jiménez?"

Mi padre mientras contestaba –"Yo soy"– Se levantó. Y sin mediar palabra lo ametrallaron. Recibió siete impactos de bala y murió en el acto.

En los archivos de la C.N.T. consta que fue el 2 de febrero de 1923. Él tenía 23 años y yo acababa de cumplir los dos años.

Conforme iba pasando el entierro por las calles, hacia el cementerio de Montjuïc, la gente dejaba de trabajar y se unía al cortejo. Salieron fábricas enteras de trabajadores y la ceremonia se convirtió en una manifestación. Entonces, desde unos coches comenzaron a disparar y hubo muchos heridos.

Los compañeros de mi padre contaban cómo en aquellos momentos, habían pasado del miedo a la rabia. No podían permitir que no les dejaran ni enterrar a sus muertos y, conscientes de la calamitosa situación en la que quedaba la familia, hicieron una colecta para la mujer y el hijo del difunto.

El ambiente se exaltó tanto que, días más tarde, reconocieron en el muelle a uno de aquellos cuatro pistoleros que habían matado a mi padre, y allí mismo lo lincharon. Aquel hombre era de Lorca y pertenecía al sindicato "Libre".

Mi madre apenas sabía escribir su nombre, tenía 22 años cuando se quedó viuda y conmigo, a solas en Barcelona.

No fue de extrañar que a los siete meses de la muerte de mi padre, se juntase con uno, que también era de Archivel. Se quedaron a vivir en la misma barraca de cartón-cuero y se peleaban constantemente.

Recuerdo, como en un sueño, ver volar las ollas, los platos y los utensilios de cocina.

Aquella relación duró poco, pero fue suficiente para que mi madre se ganase el desprecio de mi abuela paterna.

Con parte del dinero de la colecta, nos fuimos a vivir a una de esas calles estrechas de la antigua Barcelona, cerca del Borne. Creo que era la calle Baños Viejos, que está por la estación de Francia. Como mi madre se tenía que ir a trabajar, yo me quedaba solo y me asomaba por un balcón que daba a aquella calle estrecha. Por lo visto ya hablaba mucho y muy claro, porque los que pasaban creían que se trataba de un lorito.

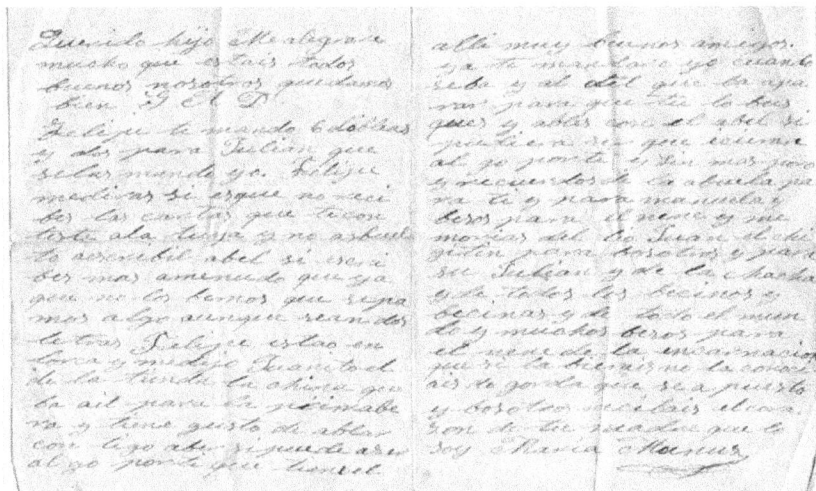

Esta es la carta que mi tío y mi abuela, escribieron a mi padre.
También lleva unas letras de parte del tio Faragato y de la abuela.

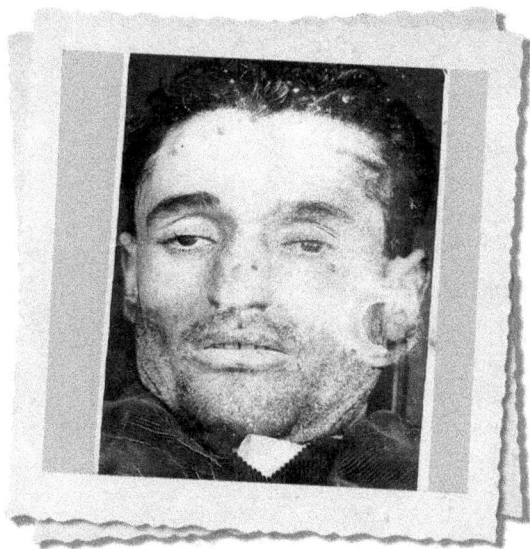

Mi padre asesinado,
en la foto que hicie-
ron los periodistas.

Mi madre
vestida de luto.

A mí también
me vistieron de
luto.

CAPÍTULO 4º

MI FAMILIA

No sé cómo llegué a Archivel, pero cuando mi madre llamó a su familia, para que fuésemos todos a vivir a Barcelona, yo estaba con ellos.

Me contaron que durante aquél viaje desde Caravaca a Barcelona, nuestro tren chocó con otro y, aunque a nosotros no nos pasó nada, mi abuela Ascensión, que me llevaba en brazos, se asustó tanto, que después del choque y ya estando los trenes parados, me tiró por la ventanilla y me di tal golpe, que estuve un rato sin conocimiento. Me dijeron que cuando volví en mí y vi que nos montábamos otra vez en el tren, cogí una rabieta enorme y no había manera de montarme.

Mi madre había alquilado una casa hecha de bloques y Uralita a las afueras de Barcelona. Las únicas dos casas construidas eran la nuestra y la de una familia de Cartagena. El resto de viviendas eran todas barracas y había tantas, que se había formado un pequeño pueblo, situado entre San Adrián del Besós y Barcelona, en la carretera de Francia.

La mayoría éramos andaluces y murcianos. Estas dos casas fueron las únicas que no derribaron cuando, años más tarde, los gobernantes dieron la disposición y quitaron las barracas.

Nuestros vecinos cartageneros tenían un hijo, dos años mayor que yo, que se llamaba Salvadorito. Nos juntábamos a jugar y fue mi primer amigo.

Como por allí no había comercios, mi abuelo Antonio tenía que ir andando hasta Poble Nou (Pueblo Nuevo), que estaba a unos cuatro kilómetros, para comprar la comida, y la traía dentro de unos pañuelos grandes de cuadros, atados con nudos. Venía cargado, porque nuestra familia era muy comilona y, en contraste con Archivel, aquello era "Jauja", porque en Barcelona había fábricas y trabajo.

Mis tíos mayores no tardaron en colocarse y mi abuela se quedaba en la casa haciendo de comer, limpiando y remendando.

Como es natural, yo me quedé a vivir con ellos, ya que mi madre había sufragado todos los gastos con el poco dinero que le quedaba. Ella se colocó de sirvienta y venía a verme de vez en cuando.

Contando conmigo, mi nueva familia se componía de 9 miembros:

Mis abuelos: Antonio y Ascensión, mis dos tías: Remedios y Juana, y mis cuatro tíos: José María, Sebastián, Francisco y Antonio, que era el mayor y tenía casi 21 años cuando llegó. ¡Por cierto!, que cuando lo midieron para hacer la mili en Murcia, lo dieron por inútil por no dar la talla, pero después de estar en Barcelona, en uno de sus trabajos, recogía las sobras del hotel Ritz y las llevaba a las torres, que es como llaman a los chalets que la gente adinerada tenía a las afueras de Barcelona, para los perros. Pero antes, él se pasaba por la casa con sacos llenos de cruasanes, pasteles y pan, que sobraban de un día para otro. Como empezó a comer, pues creció, y en la revisión de la mili en Barcelona, lo midieron y dio la talla. Así que no le quedó más remedio que hacer la mili.

Todos los varones de la familia, excepto mi abuelo, dormíamos en la misma habitación. Yo compartía cama con mis dos tíos menores y lo pasé bastante mal, porque eran muy fuertes y brutos. Se divertían asustándome, precisándome y haciéndome rabiar. Tenían 6 y 8 años más que yo y me hacían toda clase de diabluras.

Recuerdo que con un par de ruedas y cañizo, fabricaron un carro al que ataban al cerdo que estaban engordando para matarlo por pascua. A mí me metían dentro de aquel carro y salía con el marrano dando brincos y corriendo por el corral, hasta que me caía.

Cuando estaba mi madre les gritaba:

–"¡Que me lo vais a matar!".

Menos mal que, de vez en cuando, tenía la suerte de que mi abuela de Archivel, me mandaba llamar enviando dinero para el viaje.

Así fue como empecé a viajar.

CAPÍTULO 5º

LOS VIAJES

De los primeros viajes, como era muy pequeño, no me acuerdo. Pero el primer viaje que recuerdo, fue cuando mi madre me llevó a la estación de Francia, y el tren para Murcia iba lleno de soldados que acababan de licenciar. Estaban muy contentos, vestían con polainas y llevaban unos gorros redondos que hacían botar en el suelo. Mi madre preguntó si había alguno de Caravaca y, al poco rato, apareció uno que se prestó a tener cuidado de mi personilla.

Llegamos de noche a Caravaca y dormí en la casa del soldado. Él estaba recién casado, porque en su último permiso se había llevado a la novia. Por la mañana entré en su habitación para despedirme. Él aún estaba en la cama con su mujer y me abrazaron, me besaron, estuvieron jugando conmigo y me sentí muy feliz. Supe que en el mundo hay gente buena y que los niños, por muy pequeños que sean, se dan cuenta de las cosas.

Siempre me he acordado de aquel soldado con afecto, y me hubiese gustado conocerlo de mayor, para agradecerle y decirle que esas cosas no se olvidan y duran toda la vida.

Después, el padre del soldado me llevó hasta donde llegaban los carros desde Archivel con leña. Al primer carretero que le dijo que yo era nieto de la tía Botera, me montó en su carro y me llevó. Durante el viaje, aquel carretero sacó un trozo de pan con butifarra y me invitó, ¡Aquello estaba buenísimo!, seguramente por la falta que llevaba.

Mi abuela de Archivel me quería mucho. Yo era el único hijo de "su Felipe" y ella sentía pena. Se reprochaba no haber intervenido de otro modo en aquellas peleas entre hermanos. Me mimaba y me cambió el nombre. En vez de Antonio, en el pueblo me llamaba Felipe, como mi padre.

El negocio les marchaba tan bien que habían comprado fincas y locales. Ella me daba todos los caprichos. Me compró un caballo de cartón con ruedas, que siempre tenía que estar escondiéndolo de mi primo José, el hijo de mi tío, que tenía dos años más que yo, y decía que el caballo también era suyo.

Un día llevé a mi caballo al vado de agua que pasaba cerca de la plaza del pueblo, para que bebiera. Lo metí en el agua y la corriente se llevó sus patas. Lloré mucho por mi caballo, pero mi abuela me consolaba, me daba besos y me hacía entender las cosas.

De vuelta a Barcelona, hice el viaje con un hombre al que llamaban "el alpargatero". Recuerdo que el viaje desde Caravaca hasta Valencia, lo hicimos en tren, y desde Valencia a Barcelona en barco, y que aquel hombre llevaba un sombrero de paja redondo.

CAPÍTULO 6º

LAS ESCUELAS

Todos mis tíos, excepto el menor, trabajaban y como la economía de mis abuelos comenzó a ser buena, pusieron una taberna en la misma carretera de Francia.

El negocio funcionaba muy bien, su ubicación era excelente porque estaba al paso de muchas fábricas, y como los transportes se hacían con carros y caballos percherones, había clientes tan asiduos, que sus caballos, sin recibir ninguna orden, paraban directamente para que sus dueños repostaran.

Yo no tardé en aprender el lenguaje de los carreteros y sus preferencias alcohólicas. Por la mañana casi todos tomaban "barreja".

Mi madre también vino a trabajar en la taberna y yo empecé a ir a mi primera escuela, en Pueblo Nuevo, en los Cuatro Cantones, donde había una pareja que, de modo particular, daba clase a los niños que aún no teníamos edad suficiente para ir a la escuela pública.

En aquella escuela éramos muy pocos alumnos. La mujer del maestro cocinaba allí, en la misma habitación. Era una señora gorda a la que le arrastraba la falda. El maestro se le acercaba por detrás y al mismo tiempo que olía la sopa, le metía la mano en el culo y le preguntaba:

–"¿Cómo están los fideos?"

Ella respondía:

–"Ya están casi".

Al salir, como a los zagales nos mandaban solos a aquella escuela, nos divertíamos metiéndonos la mano en el culo y preguntándonos:

–"¿Cómo están los fideos?"

Esto es lo único que recuerdo de mi primera escuela.

Durante mis temporadas en Archivel, mi abuela también me apuntaba a la escuela, porque allí el maestro nos admitía, aunque no tuviésemos aún la edad necesaria.

Pero fue después, con siete años ya cumplidos, cuando fui a la escuela pública de Barcelona, en la misma estación de los tranvías. Allí empecé a leer, a escribir y a saber las cuatro reglas.

Como estaba acostumbrado a luchar con mis tíos, destaqué muy pronto en los juegos por ser un muchacho fuerte.

Un día, al salir de la escuela, me rodearon unos cuantos muchachos y me dijeron:

–"Van diciendo que tú eres el más fuerte de la escuela ¿eh?"

Yo contesté:

–"¡Ah!, pues no sé."

Uno se me encaró y dijo:

–"El más fuerte soy yo, y quiero pelearme contigo."

Como vi que iban cuatro o cinco y no iba a poder con todos, le dije que seguramente él sería más fuerte. No quise pelear y seguí mi camino.

Mis dos abuelos maternos eran analfabetos, pero mi abuelo me contó que él sí llegó a ir a la escuela, cuando su padre, apodado "el tío Vitriolo", estaba en la guerra de Cuba. Por lo visto, en aquellos tiempos, a los críos les hacían marcar el paso en la escuela, pero como él estaba recién admitido y todavía no sabía hacerlo bien, el maestro lo cogió de las orejas mientras decía: –"Izquierda, derecha, izquierda, derecha...." Como el zagal era pequeño y el maestro grande, lo llevó todo el rato en peso, y al terminar la lección, le había desgarrado la parte inferior de la oreja e iba sangrando. Mientras los demás niños entraban en la escuela, mi abuelo cogió la piedra más gorda que encontró, entró a la escuela y cuando el maestro estaba de espaldas, agarrado a la oreja de otro alumno, le dio tal pedrada que cayó al suelo. El maestro vociferó:

–¡Cogedlo, cogedlo que lo mato!

Todos los zagales salieron corriendo detrás de mi abuelo, pero él se subió al Cerro de las Fuentes, se cargó de piedras y dijo:

–"El que quiera, que se acerque".

Por lo visto, su madre tuvo que estar escondiendo al zagal hasta que al maestro se le pasó el berrinche. Allí acabó su carrera universitaria.

Mi abuelo era zurdo y debido aquel incidente, se entrenó bastante en el arte de tirar piedras, cogiendo fama de tener muy buena puntería.

Al poco tiempo, regresó mi bisabuelo de Cuba y, al enterarse de lo ocurrido, mandó recado al maestro, diciendo que ahora las orejas que peligraban eran las suyas. El maestro, calculando que el padre sería peor que el hijo, cogió tal pánico que desapareció del pueblo.

Desde entonces mi abuelo acompañó siempre a su padre, que era arriero y después, también él se dedicó a este oficio.

Por aquella época aprendí muchas cosas. Recuerdo que por la taberna iba un perro llamado "Lili", que sería de algún cliente. Un día que estaba ayudando a mi abuelo a arreglar la tapia, dándole los materiales desde abajo, mientras él estaba arriba, se me ocurrió comentarle:

–"¿Sabes? He visto al Lili con una perra y...¡se la metía!"

Mi abuelo se quedó inmóvil, entonces repetí más fuerte:

–"¡¡Se la metía!!"

Ni me miró. Como única respuesta recibí un golpe fuerte con el puño del palustre en la cabeza. Entonces comprendí que de esas cosas era mejor no hablar.

En la taberna, a mi madre le salió un novio que se pasaba el día agarrado al mostrador, cantando flamenco al estilo "mineras". Era de Portman y al poco tiempo, se casaron.

El día de la boda, recuerdo a mi abuelo repartiendo higos secos en el mismo cesto en el que venían.

Se fueron a vivir a San Adrián del Besós. Un día vinieron a por mí y me fui a vivir con ellos.

Vivíamos en un piso pequeño. Mi madre trabajaba en una fábrica de galletas y siempre me traía los bolsillos llenos. Me apuntaron a un colegio de Maristas, de esos que vestían con un cuello blanco. Me llevaban por la mañana y me recogían por la tarde. Allí estuve muy poco tiempo. El único recuerdo que tengo es que la comida que nos daban a medio día, era a base de sopa, ¡mucha sopa!, y cuando corríamos nos zurrían las tripas. Supongo que aquel colegio sería barato.

Mis padres estaban siempre peleándose y me vi otra vez viviendo con mis abuelos. Al poco tiempo, mi madre también se vino a vivir con nosotros, mientras que su marido se fue a Francia, a la vendimia.

De nuevo tuve la oportunidad de que mi abuelo me contara sus recuerdos, de cuando su padre lo llevaba por esas Andalucías a intercambiar productos por aceite.

Me contó que cuando los lobos les salían de noche, las mulas lo presentían, se les erizaba el pelo y gemían de miedo. Entonces, para que los lobos no se acercaran, lo mejor era seguir andando, soltarse las fajas dejándolas arrastrar todo lo largas que fueran y hacer chispear los mecheros.

También me contó que en un viaje llegaron a cenar a un cortijo y, como hacía una noche de verano muy buena, decidieron pasar la noche en la era, donde habían dejado los aparejos y las mulas. La mujer del cortijo les advirtió que no durmieran fuera, porque había unas toradas que cuando se desmandaban iban por allí. Pero mi bisabuelo diciendo: –"Nunca querrá Dios que nos pase ná." – Se fue con el zagal a dormir a la era.

Estaba durmiendo, cuando mi abuelo soñó que tenía dos toros en los pies mirándolo. Entonces se despertó, abrió los ojos y... efectivamente, tenía dos toros a sus pies que lo estaban mirando. Tenían remolinos de pelo rizado en la frente. Alargó el brazo y movió a su padre. Mi bisabuelo, al darse cuenta del peligro, dio un gran salto con la manta estirada y gritó con todas sus fuerzas:

–"¡Toro!"

Y los toros asustados, salieron corriendo.

Me contaba mi abuelo, que su padre lo cogió y corrieron tan deprisa hacia el cortijo, que él apenas tocaba con los pies en el suelo. Menos mal que la mujer, previendo el peligro, había dejado la puerta abierta, sujeta sólo con una silla, y nada más empujar, se abrió.

Por la mañana, cuando volvieron a la era, los toros, que en cuanto se les pasó el susto regresaron, habían destrozado todos los aparejos a cornadas. Mi abuelo decía que "parecía como si los hubieran cortado con tijeras".

Mi padrastro nos escribió desde Francia para que fuésemos con él. Llegamos a Portbou, pero como no teníamos pasaporte, la mujer de un enterrador nos pasó la frontera por la montaña. En la cumbre había un corral con una burra que tenía unos cascos enormes. Yo pensaba que estaba subida en zancos, pero la mujer nos aclaró que a la burra la tenían sólo para dar leche, y no la habían herrado nunca.

Al otro lado de la frontera, nos esperaba mi padrastro. Nos llevó a un cortijo llamado "Campaña de Tuseli".

Todos nuestros vecinos eran españoles y, en los dos meses que estuvimos allí, sólo aprendí en francés las palabras "pain", "vin" y "oile", que era lo que decían los marchantes cuando venían con sus carros a vender esos productos. Después regresamos a Barcelona, otra vez con mis abuelos y mi madre se fue a servir.

En la escuela de Archivel.

Una alpargata y un zapato

CAPÍTULO 7º

LAS AVENTURAS

Estábamos en vísperas de la República. La situación social en Barcelona, era tan mala, que por mucho que lo intentara mi tío José María, que era el menor, no encontraba trabajo. Sus padres y hermanos lo llamaban gandul y lo despreciaban. El caso es que, como no le daban dinero, cuando llegaba el domingo y todo el mundo desaparecía, nos quedábamos los dos solos en la casa, mirándonos el uno al otro.

Pasaban por allí los tranvías que hacían el recorrido desde Badalona hasta la plaza de Urquinaona y, los críos más atrevidos, nos montábamos en los estribos y en la parte trasera del tope, para viajar gratis.

Un domingo se me ocurrió quedarme en el zoológico para ver a las fieras. Comencé a dar vueltas por el alambrado, intentando colarme y me encontré con otro muchacho, más o menos de mi edad, que también pretendía lo mismo. Me dijo que era cubano. Al fin, entre los dos, localizamos un sitio por dónde podíamos entrar, subiéndome primero a sus espaldas para alcanzar la abertura, y luego dándole la mano e izándolo hacia arriba.

Entramos en el zoológico y nos gustó muchísimo. Vimos toda clase de animales. Estábamos pasándolo muy bien, cuando un guar-

41

dia se nos acercó y nos pidió la entrada, pero como no la teníamos, le dijimos la verdad.

El guardia nos cogió de la mano, nos llevó junto a otro guardia y le dijo:

–"Mira, otros dos que se han colado. Menuda suerte, ¡¡Ya tenemos la comida de hoy para los leones!!"

Al oír aquello, rompimos los dos a llorar, amargamente y los guardias, compadeciéndose, nos dejaron salir por la puerta.

Salimos corriendo, cada uno por nuestro lado y yo juré no volver a meterme jamás, sin dinero, en ningún sitio. Porque la verdad es que me asusté muchísimo.

No es de extrañar que llamásemos la atención en el parque. Por esa época yo aprovechaba la ropa y el calzado del resto de la familia, y anduve algún tiempo con una alpargata y un zapato, y por camisa, un chaleco de mi abuelo.

Cuando necesitaba dinero, mi táctica era quedarme fijo mirando a mi abuela, para ver si se apiadaba. Pero al darse cuenta, decía:

–"Tu mírame, mírame ojancos, que no te pienso dar ni una perra chica.....Ya te cansarás".

Una prima hermana de mi madre, que se llamaba Antonia y era muy guapa, se había puesto novia con el hijo del General Domingo Batet, que era un militar muy querido en Barcelona.

El General Batet era natural de Tarragona, la gente lo conocía y lo apreciaba por haber demostrado, en muchas ocasiones, ser un hombre generoso, honesto y con principios. Tanto era así, que algunos años más tarde, fue condecorado con la Cruz Laureada de San Fernando, una de las más altas distinciones militares, que sólo puede ser otorgada a los héroes.

El hijo del General Batet era un muchacho apuesto e inteligente, podía haber elegido esposa entre las numerosas muchachas de la aristocracia catalana, pero se enamoró de la hija de su sirvienta, que era guapa, buena y también estaba enamorada de él. Aquello era revelador de cómo el General había educado a su hijo, sin prejuicios y dispuesto a seguir sus sentimientos. Un día vinieron de visita a nuestra casa.

Ya era de noche cuando llegué. Vi un coche en la puerta, era un Opel pequeño y entré en la casa, pero en el pasillo salió mi tía Remedios para avisarme:

–"¡Eh! ¡Tu! sal pa fuera, que no te vean..., y no vueltas hasta que se hayan ido."

Yo tendría entonces unos 8 años, era una noche fría y me acurruqué en un rincón de la calle, desde donde podía ver el coche. Me sentí desgraciado porque ya me daba cuenta de lo poco que significaba.

Mi madre venía a verme muy de tarde en tarde y, en el poco tiempo que estaba conmigo, quería educarme. Un día me mandó a comprar algo y, de camino, me encontré con otros zagales que estaban jugando. Pensé que por un rato de juego no pasaría nada, pero de pronto apareció y me dio más palos que a una estera.

Así que cuando mi abuela de Archivel me mandaba a llamar, yo era el muchacho más feliz del mundo. Para mí era como pasar del infierno al paraíso, porque mi abuela María me mimaba, me ponía sábanas limpias y me dejaba recoger todos los perros callejeros que había en Archivel. Aunque después ella tenía que montarlos en los carros de los arrieros que iban a la tienda, y me decía que les había encontrado dueño.

También jugaba mucho con los otros zagales del pueblo y hacíamos luchas. Como yo estaba acostumbrado a batallar con mis tíos, llegué a derrotar a 3 y a 4 muchachos a la vez.

Mi abuela me decía: – "Quiero que jugues al leto y no al forgón, porque al leto gastas de lo tuyo, y al forgón gastas de lo mío".

El leto era como ella llamaba al neto o juego de canicas y si perdía, pues perdía mis canicas, pero el forgón era el fútbol y siempre destrozaba las alpargatas que ella me compraba.

Un día pasó por nuestra puerta un arriero que llevaba un pollino enano, y alguien le dijo:

–"¿Por qué no le vendes ese borriquillo a la tía María pa su nieto?"

Ella exclamó:

–"¿Pa qué quiere el zagal un burro?"

Pero yo empecé a lloriquear:

–"Cómpramelo, cómpramelo, abuela..."

Y me lo compró. Le costó un duro y yo me sentí el muchacho más afortunado del mundo.

Lo tenía en una marranera y, como le daba de comer varias veces al día, se puso muy hermoso. En la casa de mi abuela había habitaciones con atrojes repletos de toda clase de granos. Yo estaba siempre jugando con mi borrico a que era arriero, e iba comprando y vendiendo de aquí para allá.

Recuerdo que tuvimos una aventura, cuando nos metimos en un campo de panochas que estaban ya altas, y nos perdimos. Después se lo conté a mi abuela y se reía, sobre todo cuando le dije que en vez de encontrar yo al burro, me había encontrado él a mí.

Pero una vez me equivoqué de grano, y en vez de darle trigo, le di centeno, luego lo llevé al agua y se murió de cólico.

Aquel cambio brusco de alimentación, resultó fatal.

Sentí mucho la muerte de mi amigo, pero mi abuela me recordó aquella vez que también perdí a mi caballo de cartón. Intentó hacerme ver cómo cambia la importancia de las cosas conforme uno se va haciendo grande, y me consolaba para que me hiciese un hombre y supiese entender la vida.

Después tenía que volver a Barcelona, otra vez a luchar con mis tíos. Pero como ya me iba haciendo más grande, en alguna ocasión me revolvía y les respondía. Ellos exclamaban:

–"¡Uy...qué boterajo más malo!".

También me juntaba mucho con mi amigo Salvadorito, que aunque tenía dos años más que yo, yo le podía. Alguna vez le pegué por capricho, siguiendo el ejemplo de lo que hacían mis tíos conmigo. Pero siempre estábamos juntos. Su madre me echaba a la calle una y otra vez, hasta 7 y 8 veces al día, pero luego volvía a meterme en su casa, por la puerta pequeña que había detrás en el corral. Ella refunfuñaba:

–"¿Ya estás aquí otra vez?".

Vivía en la barriada un muchacho, al que llamábamos "el Chato", que les pegaba a todos y se ensañaba con mi amigo Salvadorito.

"El Chato" era un zagal rubio y fuerte, algo mayor que nosotros. Figúrate quién sería, que a mi tío Antonio, que era dos años menor que mi madre, el Chato lo molestaba, se le enfrentaba y lo tenía acobardado. Pero un día llegó el Salvadorito llorando, diciendo que el Chato le había pegado otra vez. Me fui frente a su barraca y le grité:

–"¡Venga, sal pa fuera si tienes güevos! ¡Que eres muy macho con los que no te hacen frente!"

Y el Chato salió de su barraca, pero salió con una caña de bambú, de esas que utilizan para hacer muebles y tienen los nudos muy fuertes. Mientras yo intentaba echarle mano para pegarle, él se lió a darme palos con la caña para mantenerme a raya. Se ve que donde más palos me atizó fue en la cabeza. Pero por últimas, le eché mano y lo derribé, me subí encima y empecé a darle golpes (a eso lo llamábamos en Archivel tocar el tambor). Le di una buena paliza, hasta que me quitaron de encima.

Después, cuando volvía a mi casa, por los golpes que me había dado con la caña, la cabeza se me hinchó y como al tocarme, los dedos se me hundían hacia adentro, me asusté. Recuerdo que me agarré a un poste de la luz y lloré amargamente.

CAPÍTULO 8º

EL MARAVILLOSO CAPESTANG

Recuerdo que aquél día había mucho jaleo por las calles. Los pocos coches que circulaban, pasaban pitando, llenos de banderas y cargados de personas alborotando. La gente se abrazaba, saltaba y vociferaba. Era el 14 de abril de 1931. Se había proclamado la República.

A partir de entonces cambiaron las costumbres, fue cuando empezó a llevarse la falda corta. Mi abuelo, al pasar las muchachas, me decía:

– "Fíjate, fíjate nene: Cuando andan, su culo les hace así."

Y cerrando las manos, frotaba sus puños el uno contra el otro.

– "Además" – añadía – "las flacas se pegan mucho."

Yo no comprendía eso de que a las flacas se pegaran, pero cuando me hice algo más grande y recordaba el comentario, me reía al percatarme de sus dificultades, ya que mi abuela, que no mediría más de metro y medio, pesaba más de 100 kilos.

Por aquel tiempo, mi madre estaba viviendo con nosotros, pero una tarde se presentó su marido y se fueron.

Mi tío José María me consolaba, porque aquella vez lloré mucho. Aunque al poco tiempo volvió y me dijo:

–"Nos vamos otra vez a Francia".

Esta vez pasamos la frontera, también sin papeles, pero por la misma aduana, aprovechando un descuido de los gendarmes. Fuimos a un pueblo llamado "Capestang". Mi madre se colocó en la casa de comidas de "Madame Roussel", donde iban a comer algunos profesores de la escuela pública y me apuntaron.

El pueblo era precioso, todos iban en bicicleta, incluso las abuelas, que llevaban unas cofias blancas y las llamaban "mametos".

El nivel de vida era altísimo, no había miseria y los maestros se hacían querer y respetar.

Para mí fue un verdadero paraíso. Creo que allí pasé la mejor época de mi infancia. Aprendí a nadar y a pescar en el canal navegable que pasaba por el pueblo y se llamaba "Canal du midí". También hacían pruebas de natación y se jugaba mucho al rugby. Allí me di cuenta de lo bonito que es el deporte.

Debido a que tenía la ventaja de hablar catalán, aprendí muy pronto el francés y, cuando llegaron al colegio unos inspectores de París, me sacaron de ejemplo, de cómo en sólo tres meses, ya dominaba la lengua francesa. Recuerdo que me hicieron varias preguntas, entre ellas, el presente de indicativo del verbo avoir y respondí correctamente:

"j'ai, tu as, il/elle a, nous avons, vous avez, ils/elles ont"

El pueblo era estupendo y la gente buenísima. Además, como mi madre estaba en la cocina, descubrí lo bien que comían los franceses y en poco tiempo me puse gordísimo.

Desde entonces tengo un especial afecto a la escarola, porque en todas las comidas, había grandes fuentes de ensalada donde predominaba esta hortaliza.

En el verano del 2002, el tour de Francia pasó por allí y cuando volví a ver mi pueblo por la tele, di un brinco de alegría.

Recuerdo que aquel año, el tour pasó por una población cercana y nos desplazamos todos, para animar a los ciclistas.

La vendimia era una fiesta y como toda la uva era negra, si encontrabas una blanca, las muchachas te besaban.

Estuve a punto de quedarme allí. Mi madre me llevó a una pareja que no tenía hijos y estuvieron de trato, pero no llegaron a entenderse. Hubo una cosa que me llamó la atención, y es que cuando me presentó al marido, éste me dio un beso en la boca. Pensé que, aunque aquello fuese costumbre de allí, a mí no me gustaba.

En la casa de comidas paraban muchos transportistas, algunos eran españoles. Hubo uno que, fanfarroneando, sacó la cartera llena de billetes y se la enseñó a mi madre. A mí me llamó la atención ver tanto dinero y después, hablando en la cena, lo comenté delante de mi padrastro. Por la noche, mi madre me sacó de la cama, me llevó a un corral y me pegó una enorme paliza.

Únicamente estuvimos nueve meses en el maravilloso Capestang. Mis padres comenzaron a pelearse continuamente, de modo escandaloso y, a punto de que nos expulsaran del pueblo, volvimos a España. Pero esta vez, cada uno regresó ya por su lado. Aquella ruptura fue definitiva.

Sólo volví a ver una vez más a mi padrastro, en la parada del tranvía de la plaza Urquinaona.

Tengo que decir que este hombre, a pesar de las continuas desavenencias con mi madre, nunca se metió conmigo, ni para bueno ni para malo. Creo sinceramente, que sus dos únicos intereses fueron el flamenco y el alcohol.

Mi madre decidió volver a Archivel. Nunca entendí su decisión porque, hasta yo, que era un crío, me daba cuenta de que aquello era pasar de la abundancia a la miseria. Pero decía que en Archivel yo era rico, porque me correspondía la tercera parte de la herencia de mi abuela. Y me dejó allí, aproximadamente un año, mientras ella servía en Albacete ganando 75 pesetas al mes, cantidad que fácilmente podía ganar en Francia, en menos de un día.

Durante aquel año, tuve la oportunidad de ir un curso seguido a la escuela donde, a pesar de haber alumnos mayores, fui el primero de toda la escuela. También ayudaba a mi primo José, que tenía un rebaño grande de cabras, y me convertí en un muchacho fuerte, porque en los juegos no había quien me ganara. Hasta que un día, regresó mi madre y nos fuimos otra vez a Barcelona, donde volví a quedarme con mis abuelos y ella se colocó de sirvienta en la capital.

En la escuela de Capestang

CAPÍTULO 9º

EL TRABAJO

Ya tenía 13 años cuando mi madre, en una de sus visitas, me dijo que me había encontrado un trabajo en una farmacia en la Gran Vía.

No debí desagradarle al dueño, porque empecé a trabajar de chico de recados y limpiando la farmacia.

Como siempre me ha gustado cumplir y ser respetuoso, me trataban muy bien. Tenía que ir continuamente a las afueras de Barcelona para llevar medicinas. Cogía el tranvía hasta el final de la línea y el resto lo hacía a pie.

Recuerdo a una señora que todos los días me daba un real de propina. Aquello me parecía excesivo, porque el tranvía sólo valía 10 céntimos. Yo le recordaba que ya me había dado el día anterior, pero ella se reía y mientras decía que no me preocupara, metía el real en mi bolsillo. Con eso yo tenía para el tranvía y un bocadillo. Porque en aquel tiempo, en cualquier fonda, se podían comer dos platos con pan y vino por 90 céntimos.

En la farmacia me obligaban a ir todos los domingos por la mañana a misa, con los dueños. Recuerdo que el dueño reñía siempre con uno de sus hijos, porque le pedía veinte duros, ¡un verdadero capital en aquellos tiempos!

Una tarde, el marido de mi tía Juana, que trabajaba en una fábrica de tintes y aprestos, dijo que yo podía trabajar en la fábrica por un buen sueldo, sólo tenía que decir que ya tenía los 14 años. Como estaba a punto de cumplirlos, me dieron trabajo en aquella fábrica, donde cobraba 27 pesetas y media a la semana.

Todo el dinero era de plata, por eso los sábados cobrábamos 5 duros de plata, más dos pesetas de plata y una moneda de 50 céntimos de plata. Yo le entregaba el sueldo íntegro a mi abuela, y ella me devolvía los dos reales, para mis gastos. Con eso yo tenía para el cine y me sobraba la mitad.

La vida estaba tan barata, que siendo en nuestra familia 9 personas, con un duro, mi abuelo, que era el encargado de hacer la compra, compraba para toda la semana, y aún le sisaba algo a mi abuela, que era la administradora, para gastárselo con alguna flaca.

La fábrica de tintes y aprestos se llamaba "Can Quera". Mi sección se componía de muchachos menores de 18 años.

Me pusieron en una máquina de desenredar madejas y me avisaron que a los novatos nos bautizaban haciéndonos la vaca (era lo mismo que en Archivel llamamos "el agarejo"). Consistía en coger al novato, subirlo a una mesa, bajarle los pantalones y todos le escupían en los genitales, después le echaban tierra y toda la porquería que encontraran y, por último, lo soltaban.

Yo estaba muy preocupado porque no tenía pelo en mis partes, así que todas las noches me frotaba con tocino, porque había oído decir que eso hacía crecer el pelo.

El día de mi bautizo, me cogieron entre todos, me subieron a una mesa, me bajaron los pantalones, me escupieron y me echaron toda clase de basura. Supongo que debería haber alguno más sin pelo, porque a aquello no le dieron importancia.

Todos teníamos que hacer lo que decía uno de los mayores de la sección, al que llamábamos "el Sipi". Teníamos que ir al servicio dos veces por la mañana y otras dos veces por la tarde, aunque no tuviésemos gana.

El servicio era una tabla con un agujero, que estaba colocada encima de la acequia por donde pasaban las aguas residuales de la fábrica.

El "Sipi", a punto de cumplir los 18 años, era pequeñete y robusto. Su nombre se debía a su extraordinaria puntería con los escupitajos, que lanzaba a 10 y 12 metros con mucha precisión. Todos los cristales de la nave llevaban su sello.

Al encargado de la fábrica lo llamaban "el Nen". A pesar de su nombre, era un hombre ya bastante mayor. También estaba en la fábrica el director, que nos veía desde arriba, por unas cristaleras y se dedicaba a mezclar los tintes.

Aquella nave, con todas las máquinas funcionando, era tan ruidosa que no nos podíamos oír. Teníamos que pedir permiso al Nen para ir al servicio, por señas, que consistían en levantar los brazos y moverlos doblándolos por los codos.

Cuando me incorporé a la fábrica, mi amigo Salvadorito, que ya se había ido a vivir a otra barriada más elegante, también trabajaba allí. Él llevaba ya dos años trabajando en la sección, y como era el único a quien yo conocía, me quise juntar con él. Pero él no quiso, me trató con orgullo y desprecio. Por lo visto, se había hecho la cuenta de que ya no le interesaba mi amistad, porque se consideraba mayor y tenía otros amigos. Así que después de 4 ó 5 intentos de acercamiento, me dije:

–"El desagradecido este, que siempre lo he estao defendiendo, ¿qué mierda se habrá creído para tratarme así?"

Y ya tampoco quise nada con él.

Cuando se percató de que yo tampoco quería cuentas, se sintió ofendido y hasta dejamos de saludarnos.

Me resultó dolorosa la ruptura con el Salvadorito. Pensaba a menudo en él, porque yo no tenía la culpa de la situación y lo consideraba mi amigo.

En contrapartida, mis abuelos estaban muy contentos conmigo. ¡Aquello era capitalismo puro!: Si aportabas te querían. Y yo, después de trabajar, iba a que me dieran clases particulares, porque entre unas cosas y otras, había ido muy poco a la escuela.

Un día vino mi madre y me dijo que le había salido un novio. Me preguntó qué opinaba yo de eso. Le contesté que yo aún era muy nuevo para opinar de esas cosas. Me dijo que se llamaba Salvador Lorente, que era un buen hombre, que entre él y su hermano tenían un carro grande con un caballo percherón, con los que ganaban cinco duros al día, y ella estaba ya harta de servir y de dar rodillazos.

Le recordé que no se podía casar porque ya estaba casada, pero me explicó:

–"Pero si aquél seguramente ya se habrá muerto! ¿No ves que siempre estaba borracho? Además, Lorente también está casado y gracias a Dios, estas cosas con la República, no tienen importancia".

Mi madre tenía 34 años cuando se fue a vivir con Lorente. Lo llamaba por el apellido, porque su marido legítimo también se llamaba Salvador. Se instalaron en la calle Cavanas, al lado de la fábrica de la luz y del cuartel de Atarazanas, frente al barrio chino, muy cerca del Paralelo. Yo continué viviendo con mis abuelos y trabajando en la fábrica de tintes y aprestos.

En la fábrica, los muchachos mayores organizaban peleas y si no peleabas, te tachaban de gallina. Así que un día, nos hicieron pelear a mí y a un muchacho de Albacete al que llamábamos "el Canuto".

Las peleas se hacían por la tarde, al salir de la fábrica, en un descampado inmediato llamado "el campo de las lagartijas" o de "las sargantanas", si se decía en catalán.

Aquello estaba organizado como un verdadero combate, con toallas y dos calderos, cada uno de los combatientes en un lado, nos quedamos a pecho descubierto. Mi contrincante, más robusto que yo, era el favorito. Pero yo sabía, por mis anteriores luchas, que si llegaba a derribarlo, podría vencerle.

Nos fuimos el uno hacia el otro y recibí varios puñetazos fuertes que me reventaron las narices, pero cuando conseguí agarrarlo, lo levanté y lo derribé, me subí encima y ya estaba "tocando el tambor", cuando nos separaron los hombres que salían de una fábrica cercana llamada "Cal y Sidret".

Los hombres, que hacían turnos y salían de las fábricas algo más tarde que los muchachos, al oír el griterío se habían acercado, nos separaron y riñeron a los mayores por hacernos pelear.

Aquella tarde, mientras me lavaba la cara y me quitaba los restos de sangre que llevaba, me sentí muy contento y orgulloso de mí mismo. Mi contrincante reconoció que yo le había ganado, desde entonces fuimos buenos amigos y los demás empezaron a respetarme.

Eran tiempos en los que el boxeo era un deporte de masas. Los periódicos en primera página, hablaban de los combates de Paulino Uzcudun, Max Schmeling, Primo Carnera, Joe Luis o Max Baer. Los críos peleábamos entonces igual que ahora juegan al fútbol. Yo pensé que si alguna vez tuviera ocasión, aprendería a boxear.

Con mis abuelos y mi tía Remedios en la casa de bloques y Uralita.

CAPÍTULO 10º

POR BARCELONA

Al poco tiempo volvió mi madre y les dijo a mis abuelos:

–"Es mi hijo y me lo tengo que llevar."

Mi abuela se negó:

–"¡Claro! Yo lo crío, y ahora, cuando el zagal ya gana pa nosotros, ¿¡Pillas y te lo llevas!?..."

Discutieron, pero como mi madre había ayudado siempre a mis abuelos, en todo cuanto había podido, éstos al final accedieron y me fui con ella.

Yo aún seguía yendo a clases particulares después de trabajar, pero los días que no tenía clase, me juntaba con otros muchachos de la fábrica y con ellos descubrí a "la María", que era muy famosa.

Todas las tardes a la misma hora, en las estribaciones de Montjuïc, la María se ponía en la calle con una silla, un caldero medio lleno de agua y dos bayetas. Se acomodaba en su silla y se dedicaba a hacer pajas. Solamente cobraba diez céntimos por el masaje y, por lo visto, era especialista, porque se formaban colas interminables de hombres que, en cuanto veían que los zagales estábamos por allí, nos echaban.

Los días de fiesta, en el muelle nos dedicábamos a coger monedas del fondo. Alguna gente tiraba las monedas sólo para vernos bucear. Recuerdo que en una ocasión al tocar fondo, me corté con la concha de un molusco en la rodilla y ...¿Ves? aún tengo la señal.

También nos colábamos en un "gran baile" llamado "El Tropezón", pero en cuanto se daban cuenta de nuestra presencia, nos echaban. Entonces nos íbamos a la "calle de las tapias", donde había otro baile que era un "Baile Taxi". Allí las muchachas se ponían en fila llevando en el cuello un puñado de tickets, y los hombres que querían bailar con ellas, pagaban un ticket por cada baile. Las más bonitas, cada semana rompían un par de zapatos, porque hacían un montón de kilómetros aguantando a aquellos merluzos.

Mi madre, después de tantos años de servidumbre y adversidades, por fin, había encontrado al lado de Lorente, la estabilidad tan necesaria, tanto para ella como para los que estábamos a su alrededor.

Se pasaba el día canturreando, sacándole chiste a cualquier cosa y se había convertido en una gran cocinera. Sus postres estaban buenísimos, elaboraba unas sopas extraordinarias con cualquier cosa y siempre tenía algo puesto en el fuego. Recuerdo que cocía las patas de pollo hasta que los tendones se convertían en una especie de gelatina y luego la utilizaba para dar consistencia a otros guisos. Era un verdadero privilegio tener a una cocinera tan estupenda y de tan buen humor.

Animado por ella, escribí a mi abuela de Archivel contándole que trabajaba en una fábrica de tintes muy ruidosa y le pedí que, como ella era cliente de unos grandes almacenes de Lorca que, a su vez, se abastecían de Barcelona, a ver si podía hacer algo para encontrarme una colocación mejor.

Al poco tiempo me citaron en el Hotel Oriente, situado en la Rambla de las Flores, donde se hospedaba el hombre de los grandes almacenes de Lorca. Él me dijo que podía colocarme en dos sitios.

Yo elegí un despacho situado en la calle Pelayo, donde mi trabajo consistía en hacer paquetes y repartirlos en las agencias y zapaterías.

El dueño de aquel despacho también era de Lorca y se llamaba Reyes Millán. Era muy buena persona, se interesaba por mi educación y cuando no había trabajo, me hacía escribir a máquina para que aprendiera.

El negocio era de pieles de importación. Las pieles eran de cocodrilo, de lagarto de Calcuta, de serpiente Giboya,.... todas carísimas. La mayoría las mandábamos a Mallorca, aunque también a algunas fábricas de Barcelona y a algunos prestigiosos comercios de zapatería.

En aquél negocio únicamente estábamos el dueño, un sobrino suyo, de 20 años, y yo.

Me sentía muy contento, hice amistad con el sobrino, al que le gustaba contarme sus aventuras de gran conquistador, y presumir sobre lo buen futbolista y lo fuerte que era. Se pasaba el día mostrándome su musculatura. Me di cuenta que casi todo eran fantasías, porque al repartir los paquetes, yo tenía más fuerza que él. Pero era tan buen muchacho, que no quería contradecirle. Me instruyó para que en los trayectos cortos, no cogiésemos el tranvía, así el importe del billete era para nosotros y para gastárnoslo en unos billares que estaban cerca de la calle Talleres.

El dueño era soltero y cincuentón. A veces, venían al despacho mujeres, que decían ser representantes de artículos de oficina, y el sobrino me advertía que en esos momentos no entrara, bajo ningún concepto, en su departamento.

Allí estuve muy bien hasta que estalló la guerra.

Aquella noche de julio, mientras regresaba a mi casa, recuerdo el movimiento de gente, tropas y guardias por la calle. Todos con prisa. Se respiraba un aire extraño, de preocupación y de miedo.

Esa misma madrugada nos despertó el tableteo de las ametralladoras y el ruido los disparos.

Estábamos en guerra y aquella era una guerra total.

Los mayores no nos dejaban pasar de las escaleras del edificio. Los coches de los milicianos pasaban frente a la casa, cubiertos de colchones entre nubes de disparos.

En el Paralelo, muy cerca de nuestro edificio, pusieron barricadas. Allí los tiroteos eran muy intensos.

Por la radio nos enterábamos de cómo iba la contienda y, aunque decía que el levantamiento estaba sofocado, aún se oían tiros y no nos dejaban salir.

En el cuartel de las Atarazanas también seguían disparando y resistiendo. Y en Colón, en la parte de arriba, había una ametralladora que causaba importantes bajas. Desde aquella ametralladora mataron a Ascaso, un líder de la C.N.T.

Al segundo o tercer día, nos juntamos varios zagales del edificio y empezamos a salir hasta la esquina. Vimos que todos iban armados con escopetas y pistolas. También vimos varios cadáveres en el paralelo.

En una barricada presencié una escena que no olvidaré: Acusaban a un hombre de haber estado disparando contra el pueblo, y lo iban a fusilar allí mismo. Estaban a punto de dispararle, cuando llegó otro y gritó:

–"¡¿Qué vais ha hacer?! ¡Si éste ha estado luchando conmigo todo el día!".

Entonces lo dejaron marchar.

Descubrí con asombro, lo poco que vale la vida de una persona en las revoluciones.

En unos días el alzamiento se calmó, casi totalmente en Barcelona. La Guardia Civil y el Ejército se habían alineado a favor del Gobierno y la situación se tranquilizó. Pero entonces comenzaron las persecuciones y los "paseos" de los que eran víctimas la gente de ultraderecha y los curas.

Un día que iba por las ramblas con mi padrastro, nos llamó la atención un grupo de gente que se divertía. Al acercarnos, supimos que estaban riéndose con el relato de un hombre, que detallaba cómo había matado a cinco señoritos. En un edificio grande y sin salida, los soltó y les dio caza.

Ya habría pasado cerca de un mes, cuando me acerqué por mi trabajo. Estaba cerrado. Pero como sabía que mi patrón vivía en un piso del Paseo de Gracia, fui a visitarlo. Al abrirme la puerta lo encontré completamente desconocido. Se había dejado bigote y llevaba puesto un mono azul de trabajo. Estaba muerto de miedo. Me dijo que por el momento, estaban canceladas las importaciones y cerrado el negocio.

Después, me enteré que su sobrino se había alistado en el ejército, y un día lo vi desfilar, montado a caballo, por la plaza de Cataluña cuando iban al frente.

Por mi barriada había un olor insoportable que provenía de las cloacas, donde habían matado a muchas personas cuando pretendían huir. Allí mismo las cogían, las fusilaban y abandonaban los cuerpos.

Por la radio iban informando de las bajas.

En aquel ambiente y esperando los bombardeos de los fascistas, me fui a Archivel.

La foto que mandé a mi abuela, cuando le escribí pidiéndole que me buscase una colocación mejor.

CAPÍTULO 11º

DURANTE LA GUERRA

Archivel, por ser un pueblo pequeño y apartado, vivió durante la guerra civil española, una de sus épocas más célebres, porque se refugiaron en él muchas personas de toda condición, y lo extraordinario fue que se acogió a todo el mundo, sin preguntar ideas políticas ni motivos.

Contaban que al principio de iniciarse el conflicto, llegaron los milicianos al pueblo, para llevarse a un hombre que era de la Puebla de Don Fadrique, pero el alcalde, al que apodaban "el Lucio", había dado la voz de alarma y todo el pueblo salió armado con lo que tenía: Garrotes, hoces, horcas.... y no pudieron llevárselo.

No sé si sería por aquel incidente o por las buenas relaciones del alcalde y de la gente que aquí se refugió, el caso es que Archivel se convirtió en un pequeño remanso de paz, en medio de aquella locura de guerra.

Se refugiaron en el pueblo muchas personas pobres, que habitaron todas las cuevas y dieron su toque de picaresca a aquellos años. También vinieron gentes socialmente sobresalientes, como los hijos del conde de Peñalva, la condesa de Raparat (cuyo marido había sido asesinado en un pueblo cercano), la familia Fenoll de Alicante, y otras familias de Madrid, Granada, Albacete, Barcelona, Cartagena... Y estas gentes con sus economías boyantes, dieron vida y cultura al pueblo.

Una de aquellas personalidades que encontró refugio en Archivel, fue Domingo Batet, el hijo del General Batet, que ya estaba casado con nuestra prima Antonia, y tenían un niño pequeño, de dos o tres años, al que llamábamos Dominguín.

A su padre lo habían fusilado, a pesar de todas las peticiones de clemencia que habían realizado los mismos militares que propiciaron y respaldaron el alzamiento. Decían que Franco no quiso perdonarle la vida por razones personales, ya que el General Batet era demasiado íntegro y brillante.

El hijo del general Batet, que era ingeniero, se llevó a Archivel su biblioteca, y a mí me dejó sus libros, que eran obras excelentes.

Había biografías de grandes hombres, novelas de Zola, Dumas o Dostoievski..., obras españolas de clásicos como Cervantes o Quevedo...otras más modernas de Blasco Ibáñez, o Alarcón..., y muchos libros de autores franceses, ingleses y americanos... Gracias a ellos descubrí las maravillas que puede guardar un libro y me aficioné a la lectura.

Yo entraba en aquella habitación llena de libros y dirigiéndome a alguno, le preguntaba a Domingo:

–"¿Puedo leer este?".

Él me decía:

–"Seguro que este te gustará".

Y me ofrecía "Oliver Twist" de Dickens o "El príncipe y el mendigo" de Mark Twain. Me encantaban las novelas de Zane Grey.

La lectura de aquellos libros supuso para mí, un acontecimiento tan extraordinario y sorprendente, que era casi mágico.

Desde entonces, he considerado el gusto por la lectura, como una de las mejores cualidades que puede tener una persona, porque además de diversión, ofrece opciones y puntos de vista, que consiguen ampliar las perspectivas y superarte.

Cada vez que podía, me ponía a leer. Mi abuela me decía que no leyera, porque era malo:

– "¡Mira lo que dicen que le pasó al Quijote de tanto leer!".

Pero en realidad yo únicamente leía cuando tenía lugar, porque trabajaba de sol a sol. Mi tío no me dejaba parar. Aprendí a sembrar, a segar, a trillar, a excavar el panizo y las patatas, a ir por leña al monte, a acarrear las mieses ...

Mi tío estaba tan encantado conmigo, que hasta dejó de mirarme con recelo y comenzó a tratarme con afecto. Le gustaba que me fuese con él.

Alguien le preguntó:

– "¿Es hijo tuyo?".

– "No" – Respondió. – "Es mi sobrino, pero en las maneras es igual que yo".

En cierta ocasión, durante la siega, me dijo que me daba muy buenas trazas y que, como desarrollaba tanto como un hombre, debería cobrar algo. Pero le dije que la abuela me mantenía y que con eso ya era bastante.

El invierno traía sus días cortos, con pocas horas de sol. La electricidad, que venía de un molino, daba una luz muy débil, por eso cuando anochecía, la principal distracción era escuchar por la radio, la lucha entre rojos y fascistas. Yo orientaba la luz del candil hacia las páginas y lo pasaba estupendamente leyendo.

La vida en el pueblo era entretenida, no sólo por el trabajo y la lectura, sino también porque allí hice grandes amigos, a los que apreciaba y quería de verdad. Algunos se apuntaron a clases de música, para poder dar serenatas a las mozas, porque ya éramos hombrecicos y empezaban a gustarnos las muchachas.

Me enamoré de una de las hijas del alcalde, pero me ponía tan nervioso cuando la veía, que se me secaba la boca y apenas podía articular palabra. Lo pasaba tan mal, que la evitaba cuanto podía. Ella, que tenía siempre un montón de zagales a su alrededor, se dio cuenta y me trató con amabilidad. Era una muchacha con clase. Menos mal que poco después, aquello se me pasó.

Al señor Fenoll le resultaba chocante verme jugar al billar. Debí caerle bien, porque aconsejó a su hijo Daniel que se juntase conmigo. Así que Daniel y yo comenzamos a ir juntos y nos hicimos buenos amigos.

Un día que íbamos los dos por detrás del Cerro de las Fuentes, buscando una hierba que ardía muy bien y que utilizábamos para hacernos cigarros, vimos a un hombre que corría monte a través. También vimos en el camino, un coche parado del que salieron cuatro hombres, tres de ellos armados, que empezaron a dispararle. Pero como el hombre que huía, ya estaba lejos y nos vieron a nosotros dos, pues dirigieron los disparos hacia nosotros.

Inmediatamente levantamos los brazos y nos tendimos en el suelo. Cuando se acercaron, supimos que se trataba de "los tíos del lazo", que venían acompañados por el alcalde. Él nos reconoció y enseguida nos levantó, intentando que se nos pasara el susto. Los otros tres hombres vieron que éramos unos críos y nos dejaron marchar.

Un día recibí una carta de mi madre. Decía que ellos estaban bien, pero que mi amigo Salvadorito había muerto en el frente.

Había mucha gente escondida en la sierra. Contaban historias espeluznantes de hombres ocultos en armarios, en cofres, en chimeneas... que habían sido finalmente descubiertos y llevados al frente por los tíos del lazo. A nosotros se nos despertaba la imaginación y buscábamos nuestros futuros escondites en todos los rincones.

Alguna vez me fui a la sierra a dormir con los que se escondían. Yo tenía a muchos amigos emboscados, porque mi quinta se quedó en puertas de entrar a la guerra, y cuando los milicianos llegaban a la plaza, salía medio pueblo de estampida al monte.

Es curioso, pero por mucho frío que haga, si te haces un colchón con jumas de pino y duermes debajo del pino, con sólo una pequeña manta, no se pasa frío.

Durante la guerra, poco después de llegar a Archivel.

CAPÍTULO 12º

ARCHIVEL

En Archivel hay un nacimiento de agua llamado "La Muralla", donde se ve nacer el agua y brotar del mismo suelo.

Antes de que rompieran el estanque, allá por los años cincuenta, la Muralla era una gran piscina natural, y en verano se convertía en el centro de reunión. Durante la guerra parecía un balneario.

Un joven cadete, que era hermano de la maestra del pueblo, durante sus permisos, enseñaba a nadar a los que no sabían. Se llamaba Pepe y le decíamos "Pepe el de la maestra". También se convirtió en un buen amigo.

En verano la muralla daba al pueblo mucha vitalidad y su presencia se hacía notar, no sólo por lo divertido, social y deportivo, sino también por lo higiénico, porque en aquellos tiempos prácticamente ninguna casa tenía servicios, ni duchas, y la mayoría de las personas podían reconocerse por el olor que desprendían.

Las necesidades se hacían en los corrales, donde teníamos que ir armados con escoba, para defendernos de las gallinas. Lo normal era que después hacer nuestras necesidades, nos limpiásemos con una piedra, pero en otoño, cuando se desgranaban las panochas, de todos eran conocidas las tres higiénicas propiedades del zuro, que "limpia", "rasca" y "peina".

Recuerdo "Los Juegos de Cuadra". A todo el mundo le gustaba asistir a aquellas representaciones teatrales tan disparatadas y divertidas.

Es curioso que uno se acuerde, no de lo mejor, sino de lo más chocante, porque después de aquél juego de cuadra, Ceferino, que ha sido de las personas más queridas de este pueblo, estuvo perseguido por el dueño de la casa, más que por los milicianos.

El juego se titulaba "La madre enferma". A Ceferino, que tenía seis años más que yo y además de ser mi primo segundo, era el hermano mayor de mi gran amigo "el Manino", le tocó hacer de "madre enferma", pero mientras ensayaban, debió de meter más mano de la cuenta a la bacalá y al vino. Ya iniciada la representación, se colocó en mitad de la cocina, tapado con una manta (únicamente se le veían las narices) y, siguiendo el guión, se quejaba amargamente de lo malísima que estaba. En ese momento entraba en escena el médico, representado por uno pequeñete, muy gracioso, llamado Pedro Malas, y sacando una maza de picar esparto (que hacía las veces de termómetro), ladeó la manta, para tomarle la temperatura, y exclamó:

–"¡Oye, pues si es verdad que está muy mala, porque echa una peste como si se hubiera muerto hace dos meses!"

Aquello no estaba en el juego. Ceferino se había cagado en medio de la cocina y cuando la peste llegó al público, todo el mundo salió de espantada y el dueño de la casa detrás de Ceferino, que tuvo que saltar las tapias del corral para que no lo cogieran.

Se organizaban fiestas por motivos como la siega o las matanzas del cerdo, donde la música siempre era en directo, con guitarras, bandurrias y violines. Como el cura decía que agarrarse era peligroso, todos los bailes eran sueltos. El único baile agarrado que estaba bien visto, era el pasodoble.

El cura de Archivel era una persona humilde, se llamaba Don Fortunato, había nacido en un pueblo cercano y estaba totalmente dedicado a sus misas, sus partidas de dominó, su olla y sus migas. Durante la guerra, él continuó llevando la vida en el pueblo, como si nada estuviese pasando. Estuvo celebrando misa, enterrando y bautizando, durante todo el tiempo, hasta ya casi el final de la contienda, cuando el alcalde se enteró de que venían a "darle el paseo". Entonces, el mismo alcalde le buscó un refugio seguro y se lo llevó en un Ford de pedales que tenía.

Cuando se supo que habían ganado los fascistas, no tardaron en repartir camisas azules en la plaza. Daniel y yo nos colocamos las nuestras y nos dirigimos hacia su casa.

Su padre nos vio de lejos y esperó a que nos acercásemos. Al llegar a su lado, nos dijo que aún era posible que cambiaran las cosas, y nos preguntó, qué es lo que haríamos entonces. Sin esperar nuestra respuesta, nos explicó que no era bueno que nos declarásemos de ningún bando sólo por el hecho de que hubiese ganado, porque "ganar no siempre va unido con ser el mejor", y que cuando fuésemos mayores entenderíamos mucho mejor las cosas.

Así fue cómo comprendimos que aquellas camisas significaban mucho más que un simple regalo de los vencedores, y nos las quitamos.

En este pueblo, no sé qué santo nos protegió, porque en los tres años de conflicto, apenas hubo bajas. No llegaron a la docena entre los muertos y heridos. Uno de los heridos fue mi primo José, que perdió una pierna.

A nuestro alcalde, en vez de premiarlo por su humanidad, lo encerraron tres años en la cárcel, por haber sido pedáneo con los rojos.

Cuando el cura, por fin, regresó al pueblo, todo el mundo lo esperaba con expectación. La iglesia estaba a rebosar. Se subió al púlpito y dijo que estaba muy contento, que tenía muchas cosas que decir, pero que las dejaba "para mejor ocasión".

Esa expresión quedó grabada en la memoria colectiva de las gentes del pueblo que, cuando llegaban momentos importantes, bromeaban diciendo que los dejaban "para mejor ocasión", como Don Fortunato.

A mi abuela no le valió el dinero que tenía. Sus hijos discutían constantemente por ver quién se quedaría con las propiedades de más valor, que eran las fincas, el comercio de tejidos, el bar que estaba en la plaza del pueblo y el cine. Ella se sentía ya vieja, con un montón de nietos. Todas aquellas disputas la desorientaban y a mí me hicieron acelerar el viaje.

Así, que a la semana de terminar la guerra, como hacía tiempo que no sabía nada de mi familia y confiando en que estuvieran bien, decidí volver a Barcelona. Mi abuela me dio 100 pesetas para el viaje.

En Archivel durante la guerra, poco antes de volver a Barcelona.

CAPÍTULO 13º

DE VUELTA A BARCELONA

Casi todo el trayecto hasta Barcelona lo hicimos vagones de carga y tuvimos que pasar el Ebro en barca, porque el puente estaba derribado.

Al llegar a Barcelona fui directamente a donde vivíamos, en la calle Cavanas, pero aquella zona, por su situación estratégica, había sido blanco de los bombardeos y precisamente, en nuestro edificio había caído una bomba. No quedaba nadie.

Pregunté a los vecinos y me dijeron que a los que habían vivido allí, les habían dado unos pisos de señoritos en el Paseo de Gracia, y me indicaron más o menos por dónde.

Cuando llegué al Paseo de Gracia y pregunté, me dijeron que a aquella gentuza que metieron los rojos, la habían echado a palos.

Entonces fui a lo que había sido la casa de unos primos de mi madre: "los Miles". A esas alturas estaba ya sin dinero, mi equipaje era lo puesto: Un pantalón, una camisa y unas alpargatas.

Encontré a "los Miles", ellos me dieron la dirección de mi tía Remedios y ella, por fin, me dio noticias de mis padres. Estaban bien y vivían en una buhardilla en la calle Viladomat.

La buhardilla era pequeñísima, consistía en una sola habitación que les había alquilado una mujer joven, viuda de guerra y buena persona. Todo el espacio se usaba de dormitorio, cocina y comedor, todo muy reducido y compartido con la viuda.

El panorama era muy triste, no había trabajo ni dinero. Lorente estaba pendiente de recoger el caballo percherón de su propiedad, y contaba con el carro de su hermano. Tenía mucho miedo, estaba convencido de haber estado medio figurando con los sindicatos y cuando salía a la calle, se ponía gorra, pañuelo e iba cagado. Era un hombre sin personalidad y en realidad, no lo tenían en cuenta ni para bueno, ni para malo. Pero yo reconocía que gracias a su carácter, se llevaba bien con mi madre.

Al día siguiente de mi llegada, me dijeron que en el parque, había un lugar donde daban trabajo y, allí me fui. Había unas colas interminables y era prácticamente imposible que me cogieran.

Anduve por Barcelona y observé en las Ramblas a los oficiales que con sus uniformes y sus condecoraciones, eran los que más ligaban. También vi lo grande que era el hambre en Barcelona.

La gente subsistía gracias a la "farineta" y a los boniatos.

A la salida del muelle, iban hombres encima de los camiones de naranjas, con garrotes, para defenderse de la gente que pretendía llevarse lo que pudiera. Y los grises hacían la vista gorda, porque reconocían que había necesidad.

Los gatos desaparecieron. Recuerdo en el tranvía, a una muchacha guapa con un cesto del que salió un maullido. Ella arregló el cesto, me miró con complicidad y me dijo: –"Es para la cena".

Los pocos coches que circulaban lo hacían con gasóleo y apenas había camiones, ni camionetas. Prácticamente todo se transportaba en carro.

Comencé a trabajar con mi tío José María, que estaba en una agencia de transportes llamada "Los Transportes Modernos". Allí el encargado era cuñado de otro de mis tíos. Pero en este trabajo estuve poco tiempo, porque una tarde, al llegar a mi casa, me dijeron que ya les habían devuelto el caballo y por lo tanto, ¡ya tenía un oficio!.

CAPÍTULO 14º

DE CARRETERO

Mi oficio de carretero consistía en ir a la plaza de Palacios, donde aparcábamos los carros y allí, en la misma plaza, venían a alquilarnos para el transporte. Los que llevábamos carros grandes, como el mío, que cargaba hasta 3.000 Kilos, éramos los que más ganábamos y no me faltaba trabajo.

Íbamos desde el muelle al Borne o a los principales mercados, como el de San Antonio o el de Santa Catalina. Solíamos cobrar 25 pesetas por viaje. Salíamos a las 7 de la mañana y hacíamos dos viajes por la mañana y otros dos viajes por la tarde. Como yo estaba acostumbrado a trabajar en Archivel con mi tío, aquel trabajo se me antojaba un juego, y mi juventud despertaba muchas simpatías.

Tenía 18 años, pero siempre he aparentado menos edad de la que tengo y, verme trabajar, resultaba simpático a todos.

En el muelle me hice amigo de todas "las Collas". Una colla era un grupo de cuatro hombres dedicados a cargar y descargar llevando unos ganchos, con los que cogían los bultos. Porque entonces todo se cargaba y descargaba a mano.

También hice amistad con un abuelo muy simpático, parecido a un patriarca, que me dio la exclusiva de sus viajes, porque decía que nadie cargaba y descargaba mejor sus patatas "¡Sin darles golpes!". Le gustaba contarme sus comienzos, y decía que él empezó con un carretón vendiendo patatas por las calles. Aquel señor era el viejo "Matutano" que después se hizo muy rico vendiendo las famosas patatas que llevaban su nombre.

Los sacos pesaban alrededor de los 100 kilos y, de tanto cargar y descargar, me puse en forma. A veces, cuando nos alquilaban 2 ó 3 carros a la vez y había escaleras o alguna otra dificultad, los que alquilaban me daban los sacos y yo los llevaba todos. Así que cada día me encontraba más fuerte.

Ni Lorente ni su hermano trabajaban, el uno atemorizado, no salía a la calle y el otro se pasaba el día en el "Café Español", donde se jugaba mucho al dominó. El único que trabajaba era yo, que me creía eso de que "ellos ya habían trabajado bastante" y entregaba todo lo que ganaba.

Los domingos Lorente me decía:

–"Antonio, ahí te he dejado eso."

Y me dejaba encima de la mesa 4 ó 5 duros, que era suficiente, porque mi madre me daba alojamiento, me ponía de comer y me compraba la ropa.

En mi casa empezaron a vivir mejor y en la misma escalera, en el segundo piso, alquilaban un piso grande, pero el traspaso costaba trescientas pesetas. Nos vimos apurados, pero al final, nos fuimos al segundo piso con un alquiler muy barato.

La ropa que me compraba mi madre también era barata. A mí me gustaba pasear por las ramblas los días de fiesta, montar en el tranvía y, cuando veía lo bien vestidos que iban algunos y aquel olor a tabaco rubio, me daba envidia sana y pensaba que alguna vez, posiblemente, yo podría ser igual. Pero sabía que para conseguirlo, tendría más posibilidades si destacaba en el deporte.

Primero pensé en la bicicleta, pero necesitaba una bici.

Los compañeros de "las Collas" me animaban, me preguntaban por qué no me dedicaba al boxeo. Pero para el boxeo se necesitaba más técnica y yo no sabía, ni siquiera, a dónde dirigirme.

En aquellos años pasaron por Barcelona los mejores boxeadores del mundo: Primo Carnera, Pit Tulero, Max Schmeling, Paulino Uzcudun, Luis Astorga, Paco Bueno, Ignacio Ara, Pedro Montañés, José Gironés...

Muchos cubanos residían en Barcelona como Panchón Martínez, Joe Larroe (peso pesado campeón de Cuba), Cheo Morejón... La escuela catalana era de las mejores de Europa. Había mucha afición y una cantera enorme, por eso llegar a ser figura en el boxeo, era muy difícil.

En la plaza de San Antonio había un almacén de patatas llamado "La Viuda Escriche", cada vez que ayudaba al hijo del dueño a repartir las patatas dentro de la plaza, me pagaba 15 pesetas. Como esa faena la realizaba fuera de las horas de trabajo, me quedaba las 15 pesetas, y así tenía algo más para mis gastos. El cine costaba entonces 3 pesetas.

Un día que estaba descargando en el Borne, vi que uno de los descargadores llevaba la cara muy marcada por los golpes. En el argot pugilístico se dice "llevar la cara como un mapa", con los ojos amoratados, los labios hinchados... Se llamaba Zaragoza. Le pregunté qué le había pasado y me dijo que la noche anterior, había boxeado en "el Price" y, aunque había ganado, también se había llevado lo suyo.

Le confesé que yo quería enseñarme, pero no sabía lo que tenía que hacer. Entonces él me dio la dirección del "Club Deportivo Price" donde, pagando una pequeña cuota, tenías a tu disposición una taquilla donde dejar la ropa, dos salas con sacos, punching y rin para boxear, además también tenías acceso a las duchas.

CAPÍTULO 15º

EL CLUB DEPORTIVO PRICE

Todas las tardes, después de encerrar al caballo, iba directamente al Club. Me ponía a hacer poleas y sombra delante de los espejos, observaba a los grandes entrenadores como "el Comas", "el Rubio" o "el Macario", que se hacían cargo de la preparación de sus campeones, como "Ferrer", "Lloveras", "Paco Bueno", "Eloy", "Pinedo"..., aunque también llevaban a algunos boxeadores de segunda.

Verlos entrenar era una delicia, saltando a la cuerda, pegando al saco y al punching, y sobre todo haciendo guantes, donde se pegaban verdaderas palizas.

Yo intentaba poner en práctica aquel refrán que dice: "Allá donde fueres, haz lo que vieres", pero me daba cuenta de lo difícil que era hacer cualquier cosa medio bien, por no hablar de llegar a ser figura.

A los 8 días de estar yendo sin que nadie me hiciese caso, por fin, se dirigió a mí un hombre regordete y me preguntó cuántos kilos pesaba.

–"70 ó 72 kilos"– Le contesté.

–"Ah!.., pues con tu estatura no está mal..., eres un peso medio."

Me dijo que era entrenador y que sacaba a muchos principiantes a boxear.

A mí me extrañaba su indumentaria, porque llevaba la ropa llena de manchas de yeso, sobre todo la boina, y en la mano una fiambrera.

Me aclaró que su oficio era el de "paleta" (albañil) y que cuando salía del trabajo, venía a enseñar a boxear.

Se llamaba "Margarit". Por lo visto había boxeado, pero me dijeron que en los pocos combates que hizo, se pasaba más tiempo en la lona que de pie. Propuso ser mi entrenador y, como yo no tenía otra cosa, le dije que sí.

Llevaba 3 ó 4 días entrenando con él, haciendo sombras y saco, cuando me propuso debutar en el "Iris Park", porque en la velada les faltaba un peso medio. Le dije que aún no sabía boxear, pero argumentó que mi oponente era también novato y me convenció.

Durante en el pesaje en la federación, supe que me había engañado. Al ver a mi rival, se me antojó mucho más grande que yo. Sus compañeros se reían y le decían:

–"¡Qué suerte!, ¡Salir con un principiante!"

Tenía una impresión tan mala para mi debut, que la noche antes del combate no pude cenar, ni apenas dormir y tenía diarrea. Y como me sentía engañado y reconocía que aún no sabía, ni estaba preparado, decidí no ir. Así, ya me quedé tranquilo.

Como aquella tarde no trabajábamos, me fui al cine. Pero al salir del cine, miré el reloj y vi que ¡aún podía llegar a tiempo!. Entonces cogí el tranvía y me presenté en el "Iris Park".

Había mucha gente cuando llegué. El Margarit me estaba esperando y se alegró muchísimo al verme:

–"Pensaba que ya no vendrías" – Me dijo –"Porque a la mayoría de los debutantes les da miedo y no se presentan".

Había un lleno enorme. Nos metieron a todos los boxeadores juntos, en una habitación cuadrada con unos banquillos. Conforme nos tocaba salir, venía el "tío del puro", que era muy popular, y decía:

–"Fulano y Mengano: Al rin"

Salían y, en cuanto empezaba la pelea, se oían los rugidos del público. Yo miraba a mi contrario y al verlo tan tranquilo y sonriente, se me antojaba mucho más grande aún que en el pesaje, y notaba que el cuerpo se me descomponía.

Lo pasé mal. Si en aquel momento hubiese podido huir, me habría ido, pero el equipo que llevaba no era mío, que ¡por cierto!, me estaba grande, me lo había traído el Margarit.

Enseguida empezaron a regresar los primeros combatientes. Unos venían muy contentos y otros tristes, llenos de chichones. Aunque algunos de los que habían ganado también llevaban las marcas de la pelea en la cara.

Como los pesos medios combatíamos a mitad de velada, muy pronto llegó "el tío del puro" y dijo:

–"Fulano y Jiménez" – (no recuerdo cómo se llamaba mi contrario) – "Al rin".

Yo iba como un condenado a muerte. Cuando me subí al cuadrilátero, como estaba tan nervioso y ya no atinaba, me subí por la cuerda de abajo y me vi negro para entrar.

El Margarit me echó agua en la cara, me dio con una esponja y me animó:

–"Venga, que esto no es ná, que tu eres muy fuerte y puedes con ese".

Total que empezamos a boxear. Como mi contrario ya llevaba varias peleas, aunque no era bueno, se ponía bien, empezó a darme palos y me reventó las narices. Pero vi que aunque, efectivamente, me estaba pegando, aquello no era tan grave, lo podía pasar, y ¡claro! también intentaba defenderme como podía, como en una pelea callejera. Naturalmente casi todas las tortas me las llevaba yo.

Cuando terminó el primer asalto le dije al Margarit:

–"Esto va mal, si me sigue pegando así, abandono".

–"No, no, que lo estás haciendo muy bien" – Me decía – "Que dos o tres veces has reaccionado y yo creo que le has hecho daño, tu tírale, tírale, que le puedes y lo estas haciendo muy bien".

Salimos al segundo asalto y siguió la misma marcha, pero el otro estaba ya cansado de pegarme. Pensé:

–"Pues esto lo paso yo sin dificultad, no es tan malo".

Antes del tercer asalto le pregunté al Margarit:

–"¿Abandono o qué?"

–"No, no, que estás muy bien" – Me decía – "Tu gancho, gancho".

Yo no sabía lo que era gancho, pero bueno.

En el tercer asalto, yo ya estaba muy cansado y el otro también, pero yo seguía pegando, aunque no veía donde estaba el contrario. Pensé:

–"¿Dónde se ha metido?"

Entonces vi que lo tenía en los pies. Algún golpe que le di sin darme cuenta. Total que gané por K.O. en el tercer asalto. Por K.O-sualidad.

El Margarit me abrazaba y exclamaba:

–"¡Tengo un filón de oro!, ¡Tengo un peso medio fortísimo!".

Pero yo pensaba:

–"A mí este negocio no me convence".

Y me fui a mi casa.

CAPÍTULO 16º

APRENDIENDO

Al día siguiente compré "El Mundo Deportivo". En las noticias sobre la velada de boxeo en el Iris Park, sólo había una línea: "El debutante Jiménez vence a fulano". Y nada más. Únicamente nombraban los combates y, lógicamente, si escribían algo, era sobre alguna figura ya destacada dentro del campo amateur.

Por un lado, pensaba:

-"A mí esto no me va".

Pero por otro, me decía:

-"Pues he ganado... a lo mejor no soy tan malo".

Total, que pasaron 8 ó 10 días y, por fin, me decidí a volver otra vez por el gimnasio. En cuanto entré se me acercó el Margarit:

- "¿Qué pasa?, Con lo bien que estuviste... Ya te tengo preparadas otras peleas"

Le interrumpí:

-"A mí esto de recibir palos no me convence, ¿Tu crees que sin saber ná, puedo salir?, ¿a qué? ¿A que me peguen? Además me dijiste que el otro tampoco sabía".

Me contestó:

–"¡Pero si con lo fuerte que tu eres, vas aprendiendo sin darte cuenta! Ya verás en esta semana todo lo que te enseño".

Y me puso ha hacer poleas.

El Rubio era uno de los mejores entrenadores del Price y un excelente psicólogo. Él no admitía a ningún amateur a no ser que le gustase mucho. También era un masajista extraordinario y atendía a algunos ciclistas como "el Sancho" o "el Olmo" y otras figuras del momento, que venían todas las tardes, después de su entrenamiento, para recibir masajes. Tenía como ayudante al "Lago", que era un muchacho de unos 28 ó 30 años, simpático y buena persona.

El Lago se acercó y me dijo:

–"Te vi boxear la otra noche y tienes buenas condiciones para el boxeo, las tomas bastante bien, también reaccionas bien y pegas duro pero... ¿Cómo se te ocurre salir así, sin saber lo más mínimo?".

Le hice un gesto de resignación. Y añadió:

–"Nosotros no admitimos a nadie en la escuadra, pero he estado hablando con el Rubio y está de acuerdo. Si quieres venirte con nuestro equipo te enseñaremos. Al menos cuando salgas, sabrás estirar los brazos y desplazarte, lo principal. Y si pasan dos o tres meses, pues que pasen, pero no saldrás hasta que sepas defenderte".

Ni me lo pensé, le dije que sí, que me iba con ellos.

Al rato llegó el Margarit diciendo:

–"¿Qué? Para la semana que viene, que ya estarás más preparado, hay una velada..."

–"No". – Le respondí –"Me lo voy a dejar".

Exclamó:

–"¡Pero muchacho!, pero ¡si eso es una barbaridad!, ¡si tu eres un peso medio muy bueno!................., Me cago en diez. ¡Siempre me pasa igual! ¡En cuanto descubro a alguno, entonces vienen y me lo roban!.

Y se alejó dándose boinazos en los pantalones.

Al Margarit le daban diez duros por cada pelea que sacaba, él se quedaba con ocho y a nosotros nos dejaba dos, que con eso no nos llegaba ni para el esparadrapo.

El Rubio llevaba al Jhonson que, aunque tenía apellido americano, era español y muy bueno, pero era un muchacho un poco descentrado por problemas con su familia. Tenía un boxeo difícil, boxeaba mucho de cintura y pegaba muy fuerte, hacía daño. Yo empecé entrenándome con él, después entrené con Larroe y ya, en seguida, con todos los demás.

Tengo un muy grato recuerdo de Paco Bueno, un peso pesado vasco y una excelentísima persona. Todos los muchachos queríamos entrenar con él, porque no era capaz de ensañarse con nosotros, ni de hacernos daño. No pasaba igual con otros que estaban por allí, como Serret o Lloveras, que iban a ver si te tiraban, a hacer daño, les daba igual que estuviésemos entrenando.

Paco Bueno entrenaba mucho, porque iba a disputar el campeonato de Europa. Todos queríamos boxear con él, porque aprendías muchísimo y no iba a por ti. Y yo empecé ya a desplazarme bien y a tirar bien las manos.

"El Pons", que era un entrenador con un poco más de categoría que el Margarit, les comentó que necesitaban un peso medio para una velada en Sabadell, y me dijeron:

–"Si quieres ir... Te van a dar doscientas pesetas".

Entonces aquello era dinero. ¡Doscientas pesetas con todo pagado! El viaje a Sabadell valía, como mucho, doce pesetas. Les dije que sí.

A Sabadell fuimos, desde el Club Deportivo Price, dos boxeadores: uno que era profesional y yo. El profesional se llamaba Betés, era un hombre ya veterano, lo que se llama un "obrero del rin". Quedamos en hacer juntos el viaje y vernos en la Estación Norte del tren, y allí nos encontramos. Él venía de trabajar con su fiambrera y también llegó su mujer para despedirlo y llevarse la fiambrera. Era una mujercica delgada, con gafas:

–"Ale, que tengas suerte"– Le decía.

Me chocó verlos despidiéndose, por el hecho de que aceptaran y consideraran al boxeo con tanta naturalidad. Él iba a desempañar su profesión, como ayuda al pequeño jornal que tenían, y boxear era un trabajo más, ya que por salir en aquel combate de fondo, es posible que le dieran hasta mil pesetas, que era toda una fortuna.

La pelea de fondo era la última pelea de la velada, y a mí me tocó hacer la pelea de semifondo, que era la penúltima.

Betés era cuadradote, no muy alto y en el combate demostró ser muy bueno, un tío muy duro, fuerte y peligroso. Hizo un combate extraordinario con Nicolás, que era la figura de Sabadell. Tan extraordinario que a Nicolás le hicieron dos o tres cuentas de protección, pero no pararon la pelea, porque era de Sabadell. Al final le dieron el combate a Nicolás, aunque no lo ganó.

Para mí, aquél fue mi segundo combate. Lo hice con un zurdo llamado Ballés, que pegaba tan fuerte que a Santandreu, que era campeón de España, cuando boxeó con él, se descuido y lo noqueó.

Cuando salí, como ya sabía boxear, empecé a darle contras y le gané de calle, pero dieron el combate nulo, porque estábamos en su casa. Después de la pelea, Ballés me decía:

–"Jiménez, m´has fet veure papallones" (me has hecho ver mariposas).

Vinieron a Sabadell para ver el combate, el Lago y el Rubio. El Rubio decía que si él me pulía, yo era de lo mejor que había visto. A él le gustaba el boxeo técnico, mientras que el Lago prefería que la gente se peleara más. Pero a mí no me gustaba pelearme, porque siempre te llevas lo tuyo, y boxeando con tranquilidad, como yo pegaba muy fuerte, al que le tocaba bien, lo tiraba.

CAPÍTULO 17º

EL CHATO DEL SERRALLO

Entrenábamos muy duro. Un día vino a verme al gimnasio Leandro, que era de Archivel, aunque estaba viviendo mucho tiempo en Barcelona y también estuvo en el pueblo durante la guerra. Cuando llegó, dejé el entrenamiento durante unos minutos, para saludarle. Y Muchos años después, todavía se acordaba del charco de sudor que se hizo a mis pies, mientras lo saludaba.

En los campeonatos de Cataluña salí con la gente que me tocó por sorteo. El Rubio me llamaba "picha freda" (picha fría), porque no me inmutaba, boxeaba con serenidad y tomé fama de valiente.

Ya representaba a Cataluña y era considerado una figura dentro del campo amateur y, como había mucha gente aficionada al boxeo, cuando trabajaba con el carro repartiendo sacos, comencé a tener mis fans. Todos los carreteros estaban a mi favor.

Otro de mis primeros combates, y con el que ya se me acabó de quitar el miedo, fue en Tarragona. Esta vez también fue el Pons quien dijo que había una velada en Tarragona, al aire libre. El Rubio me preguntó si quería ir y le dije que sí.

Como no tenía a nadie que me acompañara, le pregunté a José el de Miles, que era primo de mi madre:

–"¿Quieres venirte, que salgo a boxear?"

Y se vino.

En la estación de Tarragona nos esperaban los organizadores. José era un hombre ya hecho, de alrededor de 30 años. Como yo tenía la cara finucha y medio infantil, cuando llegamos, los organizadores pensaron que él era el boxeador.

–"No, no" – Les dijo – "El boxeador es este".

Se echaron las manos a la cabeza:

–"Pobre chaval, lo va a destrozar. Su adversario lleva un montón de peleas y las gana todas casi sin pegarle al rival, ¡se cagan todos!".

Mi contrario era un hombre muy fuerte, que levantaba un saco de 100 kilos con la boca, cogía una barca y la levantaba. Tenía fama de fortísimo, además de ser muy feo. Le llamaban "el Chato del Serrallo".

Me decían:

–"Mira chaval, si ves que te va a hacer daño, no queremos desgracias aquí. Cuando tu veas, te dejas caer y ya está".

Yo les respondía:

–"Bueno, bueno".

Yo sabía que ya pegaba bien, porque me entrenaba con Paco Bueno y con Pinedo, y a Pinedo, que era campeón de España del peso medio, el Rubio me decía que no le apretara demasiado.

Pero, aunque ya era consciente de que yo era bueno, aún no estaba muy seguro todavía. Y como en aquel combate empezaron a decir que si esto, que si lo otro, salí cagao. Uno de los combates en los que más miedo he pasado, fue en ese.

El combate era al aire libre y comenzó a llover. Dijeron que posiblemente tendrían que suspender la velada y me puse tan contento.

El Chato del Serrallo llevaba un anillo gordo, con una calavera que no se lo podían quitar y protesté:

–"Si no se quita el anillo, no boxeo".

Ya era por ver si me libraba. Pero, por últimas, se lo quitaron.

Los guantes se mojaron por la lluvia y del sudor de los anteriores combatientes, y cuando me los puse, vi que se ajustaban mucho y estaban duros. Pensé:

–"Como me pegue algún meneo con los guantes estos, me va a hacer polvo..."

Total que, tras el toque de campana del primer asalto, salimos. Yo iba nervioso. El tío estaba acostumbrado a asustar a sus contrarios y se me cambiaba de guardia, tan pronto se me ponía cubriéndose con la derecha, como cubriéndose con la izquierda, riéndose decía:

–"Pega, pega".

Pensé:

–"Veremos a ver".

Lo preparé con la izquierda y le metí un derechazo que parecía que se lo llevaban las brujas hacia arriba. Le contaron más de 40 y no reaccionó. Gané por K.O. al inicio del primer asalto.

Saltaron todos al rin, el Pons y todos exclamaban:

–"¡Menuda figura! ¡Es extraordinario!".

Los ramos de flores y todo lo que tenían preparado para el Chato, me lo dieron a mí, me invitaron a champán y después nos dieron un banquete. Creo que, hasta los del equipo del Chato se alegraron de que un chavalín de 19 años y cara de niño, derrotara a la leyenda.

Mientras estábamos cenando, cuando dejaba el brazo derecho quieto y relajado encima de la mesa, se me subía solo hacia arriba.

Y es que en la pelea salí muy nervioso y le di un derechazo para matarlo.

Aquello me dio mucha moral, que es lo que se necesita para el boxeo y para todo en la vida, más que cualquier otra cosa, y luego, ¡claro!, una afición enorme, que es lo que te hace aprender.

Por aquel entonces, en los entrenamientos estaba Joe Larrore, al que llamábamos "el Chiché", que era muy amigo mío y algo cabronazo. Era campeón de Cuba, pesaba 120 Kg, y si te metía una contra o lo que fuera, te hacía ver papallones, pero aprendías.

Yo medía 1´80 y estaba muy fuerte por mi trabajo, por mis entrenamientos, por mi naturaleza y hacía mucho daño. Era un peso medio completo, aunque boxeaba "a la contra" que era lo que me enseñaba el Chiché, cuando cogía a alguno, no tenía solución.

En uno de aquellos primeros combates, se me acercó un muchacho:

–"Antonio ¿Te acuerdas de mi?".

Era el Canuto, aquel muchacho de Albacete que trabajaba en la fábrica Can Quera, con el que peleé en el campo de las lagartijas.

–"¡Anda que si ahora si me desafiara contigo, me ibas a apañar bien!".

Tengo que agradecerle muchas cosas al boxeo, sobre todo que me quitó timideces. Yo era de los que se morían de vergüenza al entrar en cualquier sitio. Pero el hecho de salir a un rin, delante de todo el mundo, me dio mucha seguridad y ¡claro!, ya no le temes a nadie.

Recuerdo de ir en el tranvía, ver a algunos y pensar:

–"A esos les puedo yo".

Aunque ni se me pasaba por la imaginación meterme con nadie, aquello me daba confianza.

En esa época disputé "El Trofeo Tomás Cola" donde gané todos los combates, algunos antes del límite.

Tomás Cola fue un héroe de guerra y en su honor hicieron aquella competición de boxeo. Allí salí con uno, muy burro, al que había visto boxear antes con un soldado, y estando el soldado K.O. en el suelo, el tío todavía seguía encima de él, dándole palos. Cuando me tocó en el sorteo pensé:

–"Me cago en diez, si es el bestia".

Durante el combate, no le di ninguna oportunidad, lo tiré en el primer asalto, le pegué una piña en el primer cambio de golpes y cayó redondo.

Como en aquellos años existía mucha afición, vinieron a disputar el trofeo, de todas partes de España y los equipos eran buenos. Representando a Mallorca venía "el Pericás". El Mart, que era subcampeón de Europa, decía:

–"Este año el campeón de España, va a ser el Pericás".

Pero eliminé al Pericás, le gané por inferioridad y llegué a la final, que la disputé con el que era campeón de España: "Santandreu".

Con Santandreu hicimos un combate de esos del público en pie, pero estuvo igualado y, como él tenía el título de campeón, le dieron vencedor por puntos.

Otra competición para la que me seleccionó la federación catalana, fue "La Copa Presidente". Los componentes del equipo catalán eran muy buenos: Díaz, Martí, Sasot,... casi todos eran campeones de España y subcampeones de Europa.

En La Copa Presidente, los catalanes hicimos la final con Vizcaya y le gané al vasco con el que disputé la final, que se llamaba Eustoldo.

Aquel año, el equipo catalán, ganamos la Copa Presidente.

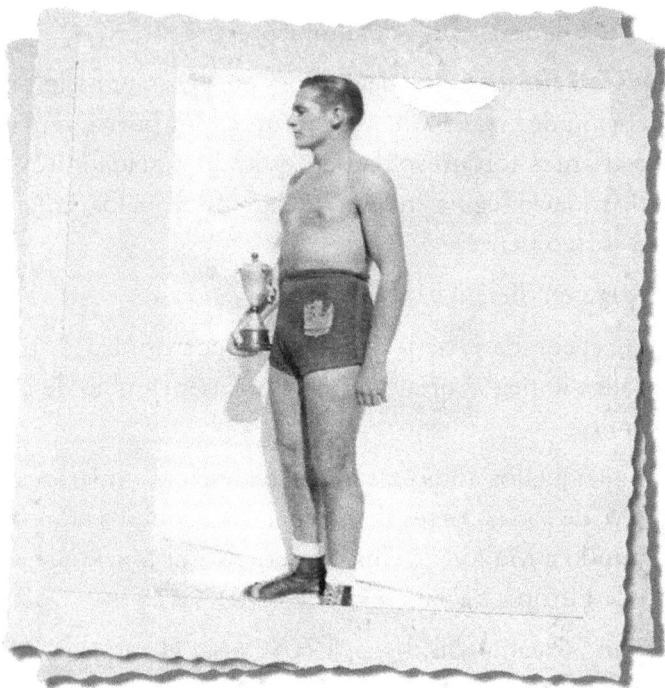

Con la Copa Presidente

CAPÍTULO 18º

LOS BAILES

Ya destacaba en los entrenamientos y los otros muchachos del gimnasio me preguntaban:

–"¿Te vienes esta noche al baile?".

Como no sabía bailar, al principio les decía que no, pero sentía curiosidad y, al poco tiempo, empecé a salir con ellos.

El primer baile al que fui se llamaba "La Juventud de Sanz". Era un baile barato, costaba 3 pesetas. La pista era grande, se llenaba a rebosar, y en medio de la pista se colocaba un individuo gordo, para imponer orden cuando era necesario.

El baile era nuestro punto de reunión para vernos con las muchachas: la Magda, la Cheli...

Al principio yo no bailaba. Todos se ponían a bailar mientras me quedaba por allí, observando.

Yo estaba sin educar y era muy tímido, el hecho de tocar a una muchacha para bailar, se me antojaba un mundo, pero ellas empezaron a sacarme a mí:

–"¿No bailas?".

–"No, es que no sé. Sólo bailo el pasodoble."

–"Bueno, pues algo es algo, venga, vamos a probar".

Y cuando vi que aquello se me daba bien, tomé carrerilla y me pasó igual que cuando aprendes a conducir, que cuando sabes, ya no quieres bajarte del coche.

Casi siempre íbamos al baile, pero otras veces nos pasábamos por los espectáculos que hacían en el Paralelo, porque uno de los compañeros del grupo, conocía al jefe de "clá" y él nos dejaba entrar gratis, con la única condición de estar pendientes de lo que él hiciese: Si él aplaudía, nosotros también teníamos que aplaudir, y si él se reía, pues nosotros también. Así animábamos el espectáculo.

Uno de aquellos muchachos que nos juntábamos, nos dijo una noche:

–"Me voy. Me he alistado con los alemanes".

Yo exclamé:

–"¡Pero hombre! ¿Y a ti qué se te ha perdido por allí?".

Se despidió. Se iba al día siguiente y le deseé suerte.

La guerra en Europa estaba en pleno apogeo e iban ganando los aliados del Régimen. No era extraño que la gente se alistara, porque hacían mucha propaganda y prometían buenos sueldos.

Nuestro grupo continuó yendo a "La Juventud de Sanz", hasta que nos enteramos de otro baile mucho mejor, llamado "La Gabina Blava" (La Gaviota Azul). Estaba en el centro, cerca de la calle Vila i Vilá. Era más elegante, los bailes más atrevidos y pasó a ser nuestro punto de reunión. Desde allí nos pasábamos a otro baile: "El Rialto" que, ¡por cierto!, me encontraba allí cuando se hundió. Tuve mucha suerte porque sólo se vino abajo media pista, mientras que la otra media pista, en la que yo estaba bailando, se quedó arriba. Oímos un estruendo enorme y, con la polvareda tan grande y el griterío de los de abajo, creíamos que se trataba de un terremoto. Como era un primer piso, hubo gente que se tiró por las ventanas. Se produjeron muchos los heridos, no recuerdo si hubo algún muerto. Estaba situado en la avenida José Antonio, cerca del Paralelo.

Después de aquello, nos íbamos a otro baile: "La Maya". Nosotros ya íbamos con muchachas y como bailábamos bien, no nos cobraban la entrada. "La Maya" era un baile muy selecto, sus orquestas eran de las mejores de Barcelona, y allí conocimos a otra clase de gente.

Había unos señores, algo mayores que nosotros, que no les importaba que ligásemos con las chicas que los acompañaban. Ellas fueron las que, cuando hicimos amistad, nos explicaron que estos señores estaban muy bien situados, algunos eran modistos, otros tenían locales en el Paseo de Gracia (lo más selecto de Barcelona) y, aunque no eran afeminados, llevaban a las chicas como reclamo para ligar con nosotros.

En poco tiempo, algunos de los chicos estrenaron traje y venían la mar de elegantes, mientras que los otros bromeábamos sobre el tamaño de sus almorranas.

A uno de estos señores le apodaban "la Viuda", porque había protegido a un actor de cine, que se había convertido en el galán de moda del momento. Pero el galán, al conseguir su estrellato, lo había plantado.

Por lo visto, debí de gustarle a la viuda, porque quería ser amigo mío a toda costa y me tenía acosado. Ya me estaba planteando si dejar de ir a aquel baile, por no encontrarme con él, cuando una de las veces en las que le dije que aquello no iba conmigo, debió notar el agobio que me producía, porque lo comprendió y me dejó en paz.

Una noche me tocaron en el hombro por detrás y, al volverme, no reconocí al que me llamaba:

–"Jiménez"– Me saludó afectuoso –"No sabes cuánto me he acordado de ti, sobre todo cuando estaba en las trincheras, pasando calamidades y pensando que me iba a morir. ¡Hay que ver cuánta razón tenías al decirme que no se me había perdido nada por allí!".

Era el compañero de bailes que se alistó con el ejército alemán. Durante la invasión a Rusia, lo habían herido en la cara y le habían reconstruido el maxilar con titanio.

La gente que volvía de aquella guerra lo había pasado muy mal, aunque no los hubiesen herido, volvían blancos del miedo, del frío y de todo lo que habían padecido. Y eso era los que volvían.

Fue entonces cuando me tocó ir a la mili. Aquellos fueron mis últimos bailes, porque después la vida se planteó de otra manera y ya no volví por allí. Pero me fui a la mili con una moral extraordinaria, sobre todo en lo referente al boxeo, porque me entrenaba con lo mejor y ya sabía que yo era bueno.

Con mi primer traje.

CAPÍTULO 19º

LA MILI

Probablemente hubiese podido librarme de la mili por estar muerto mi padre, porque, aunque mis padres no estuvieron casados, yo estaba reconocido y, si hubiese tenido interés, pues alguna posibilidad habría tenido. Pero yo tenía ganas de cambiar, de dejar de vivir con mi madre y su compañero, y sobre todo, de dejar de oír a su hermano, que no paraba de decir que "lo único que a él le interesaba es que el carro rodara".

Yo llevaba tres años de carretero, del 39 al 42, y si tenía algo, era gracias al boxeo. Mi primer traje lo pude comprar poco antes de irme a la mili, era de color gris. Después me compré otro traje azul marino y, ya al final, también me compré una gabardina.

Así que me fui a la mili con ganas de irme. Pero lo que no sabía es que me iban a tener allí tres años y medio, con la mano en alto, por si acaso entrábamos en la guerra europea.

Llegué con 21 años y volví con 24. Al salir ya no tenías oficio ni nada. Cuando nos licenciaron, decíamos con ironía, que nuestro oficio era el de palanganero (el que sacaba las palanganas a los oficiales) o el de escombrero (el que quitaba los escombros del regimiento).

Llevaba 20 duros que me dieron en mi casa, y otros 5 duros que me dio la prima Antonia de Batet.

Cuando pasé a despedirme, ella estaba ya muy enferma de leucemia, y al poco tiempo escribieron diciéndome que se había muerto.

Con aquellos 25 duros me fui a Melilla. Hicimos el viaje en vagones de carga hasta Málaga y desde allí, en barco hasta Melilla. Tardamos 5 días, y cuando llegué a mi destino, sólo me quedaban 10 pesetas.

Llegué pensando que cambiaba para mejor, estaba convencido de que allí habría buena comida para los militares, pero se trataba de un regimiento de paso y muchos que habían estado en las cárceles, decían que preferían estar entre rejas, antes que en aquel regimiento. Aquello era miseria y hambre.

Dormíamos en tablas con colchones de esparto y por la mañana, al sacudirlos, caían tantos chinches, que cuando los pisabas se formaban manchones de sangre en el suelo. Ahora, ¡eso sí!, todos muy disciplinados.

Al tocar diana, los cabos con el correaje, imponían disciplina pegando a los reclutas. Y los domingos en misa, veías a uno que se caía, y luego a otro, y a otro: Se desmayaban.

Por cuestiones políticas, enviaron a casi todos los reclutas catalanes a África, y allí eran la mayoría. Pero los padres catalanes amparaban a sus hijos, mandándoles dinero y abriéndoles sus cuentas corrientes. Así, que al poco tiempo de entrar, ya éramos menos los desterrados. Aunque todavía quedábamos algunos, a los que no nos quedaba más remedio que recurrir a todos los ranchos y a todo lo que podíamos, para sobrevivir.

Por la mañana daban un chusco de pan, y al olerlo....¡tenía un aroma!... Si por debilidad lo probabas, ¡te lo tenías que comer!, y ya no tenías nada para después, y había que comerse sin pan, un rancho que no había quien se lo comiera. Podían ser garbanzos, alubias o arroz, todo lleno de gusanos. Un día hasta llegaron a sacar una rata de las perolas. Pero nos lo comíamos porque teníamos necesidad.

En muy poco tiempo adelgacé diez kilos, (de 73 a 63) y gracias a los higos chumbos, a los que desde entonces profeso eterno agradecimiento, que vendían los moros, tres por una perra gorda.

No fumaba, y el paquete de tabaco que nos daban, lo cambiaba por dinero para higos chumbos. Porque, a esa edad, algunos soldados ya iban recogiendo colillas, de lo viciados que estaban con el tabaco. Incluso había algunos que ya eran borrachos y todo lo que pillaban era para bebérselo, incluso llegué a ver a alguno beber colonia. También me compraba higos chumbos con los dos reales diarios de soldada que nos pagaban.

Yo no había pasado hambre jamás. En plan de comer, se comía peor en Archivel, porque la abuela era ya vieja y hacía poca cosa para un zagalón como yo, que estaba creciendo, con 15 años y trabajando como un hombre. Pero, aunque no comieras lo que tuvieras que comer, no había pasado hambre.

Yo sé lo que es ir por Melilla, ver los escaparates con comida y dulces, y darte ganas de morderle a los cristales.

Mi quinta era la del 42, que era la única que no había estado en la guerra, ni tenía gente que se hubiese declarado en contra del Régimen, era una quinta nacional. Al llegar nosotros, licenciaron a la quinta anterior, la del 41, que sí había estado en la guerra, pero sólo licenciaron a los nacionales, porque aún había mucha gente que había estado con los rojos. Quedaba incluso gente del 36 sin licenciar. Eso era tema político. Todos los de la zona roja estaban sirviendo en la mili.

Nos formaron en el patio y me puse la medalla que tenía del trofeo Tomás Cola. Un brigada vio la medalla y me preguntó:

–"Eso, ¿qué es?".

Le respondí:

–"Una medalla que gané, porque soy boxeador".

El brigada exclamó:

–"¡Un boxeador! Te quedas conmigo porque a la Tuerta no hay quien la domine".

Y me llevaron con las mulas de acemilero.

La Tuerta era una mula torda, tuerta y además loca, que tiraba dos mil coces y mordía. Ese fue mi primer enchufe gracias al boxeo.

Las mulas llevaban las ametralladoras y mi obligación era tenerlas en condiciones y lavar las cadenas.

CAPÍTULO 20°

EL COMBATE EN LA LEGIÓN

Había dos cocineros que eran de Canarias y entre los dos pesarían 300 Kilos, que me pidieron que les enseñara a boxear. Yo llevaba mis guantes de boxeo, les enseñaba, les ayudaba en lo que me decían y a cambio me daban comida. Me sacaban rancho y pan, y cuando ya no podía comer más, me lo llevaba para dárselo a otros que también tenían hambre y me decían:

–"Jiménez a ver si pudieras sacarnos algo..."

Un día, nos tenían arreglando el patio del cuartel. Yo estaba fregando cuando llegó un coche elegante y se bajaron del coche un comandante y dos legionarios. Los recién llegados se dirigieron al despacho del Coronel. Después, salieron del despacho dos gastadores, que son los recaderos del coronel y suelen ser altos. (No como ese de Archivel, que llamó a su madre y le dijo:

–"Mama, que me han hecho gastador"

Y la madre muy preocupada le dijo:

–"Hijo mío ¿qué vas a gastar? ¡Si yo no puedo mandarte ni una perra!").

Llevaban los gastadores una franja, como los soldados de primera. Llegaron hasta donde estábamos nosotros y preguntaron:

–"¿Quién es Antonio Jiménez?"

Respondí:

–"Soy yo."

–"El coronel que te presentes."

–"Pero...así?"

–"No, no. Con traje de gala".

El traje de gala consistía en ponerte unos guantes blancos unas botas y ya está. Me presenté:

–"¿Usía da su permiso?".

Pregunté con la mano en alto. El coronel me dio permiso para bajar la mano y preguntó:

–"¿Eres tu Antonio Jiménez?"

–"Sí, mi coronel."

–"¿Tu eres el boxeador?"

–"Sí, mi coronel."

–"Pues no tienes pinta de boxeador, ¿Cómo es que no tienes la nariz rota, ni cara de boxeador?".

–"Puede ser porque recibo pocos golpes, mi coronel."

–"Bueno, bueno.... El coronel de la legión, que es muy amigo mío, me ha comunicado que, con motivo de la fiesta de la legión, quieren hacer allí algo de boxeo. Yo no te obligo, pero si tu quieres, te lo agradecería...."

En un santiamén me vi montado en aquél coche elegante. Iba medio mareado por el hambre.

Al llegar había mucho bullicio. Habían construido un rin, con cuatro bidones y cuatro tablas, y cuando vieron que el boxeador era yo, todos querían pegarse conmigo. Uno dijo:

-"Mi comandante, hay un asturiano, un tipo fuerte que dice que ha hecho muchos combates"

El comandante me preguntó:

-"¿A ti no te dará lo mismo?"

Yo le dije

-"Si, si a mí me da igual, usted póngame al que quiera".

Yo estaba deseando hacer méritos pero, aunque ya sabía que era bueno, también sabía que con esos tíos hay que ir con cuidado, además no confiaba mucho en mis posibilidades, porque las estaba pasando canutas, me había quedado muy flaco y no entrenaba.

Total que salí con el asturiano. Era muy malo, no hacía nada más que fallar. Así que cuando lo encerré, le tiré cuatro piñas y ya está. Entonces desde el público:

-"¡Yo subo!".

Salían ya medio borrachos, salieron 7 u 8 y los iba despachando, aquello se convirtió en una juerga, me hice amigo de todos y todos me aplaudían. Después llegó el comandante y me dijo:

-"Esto ha salido muy bien, estoy muy satisfecho, ha sido una velada muy bonita".

Y dirigiéndose a los otros ordenó:

-"Acompañadle a la cocina y dadle de comer todo lo que quiera".

Por ser el día de la legión, daban a los legionarios vales para vino y un pollo asado para cada uno, porque dentro de la miseria que existía, los legionarios iban bien vestidos y comían, que eso no lo olíamos nosotros. Creo que me comí cinco o seis pollos de aquellos, hasta que no puede más. También me dieron 200 pesetas, (una fortuna que después fui fundiendo en la taberna que había en el polígono, llamada "La Económica" donde, por un duro, te hartabas de comer). El coronel además, me dio un cartón de tabaco rubio, porque también iba chispado, y montón de vales de vino que luego repartí entre los legionarios que me llamaban:

–"Jiménez, Jiménez,...".

Recuerdo que empezó a llover y qué borrachera llevarían, que estaban tirados por el suelo y allí nadie recogía a nadie, todos por el barro desperdigados mojándose.

Me llevaron con el coche a mi regimiento y continué la rutina.

Al día siguiente, íbamos de instrucción a hacer las maniobras a Rostro Gordo, donde descargábamos las ametralladoras de las mulas. Las ametralladoras eran muy viejas, unas Hotchkiss que habían estado en la guerra, y cuando nos poníamos a disparar, al cuarto de hora ya no funcionaba ninguna.

Antes de salir, el capitán llamó al sargento y le preguntó:

–"¿Quién es Antonio Jiménez?"

El sargento me llamó, para que me presentara al capitán y éste me preguntó:

–"¿Eres tú el que boxeó ayer en la legión?".

–"Sí, mi capitán".

Y añadió:

–"Hoy no tienes instrucción. Te puedes despistar por ahí porque me han dicho que eres un tío cojonudo".

Este sí que fue realmente, el primer privilegio que tuve gracias al boxeo.

CAPÍTULO 21º

HACIENDO EQUIPO

Por la mañana, los oficiales entraban primero a la sala de banderas, allí tomaban café y desayunaban. Después, cada uno se iba con sus soldados a los campos de instrucción. Por la tarde, los sargentos nos daban clases de teórica. Y ya, por último, venían unos frailes a hablarnos de religión y de "la madre patria". Nosotros que estábamos puteados decíamos:

–"Madre patria será para ti, porque para nosotros es madrastra".

Ya ves, allí que la mayoría habían sido revolucionarios, nos reíamos de aquellos pobres hombres.

Como habían licenciado a la quinta anterior, no tardaron en sacar a los nuevos cabos. Los soldados que querían ser cabo, se apuntaban y nos apuntamos casi todos. De mi compañía sacaron a ocho, entre ellos a mí. Todavía no habíamos jurado bandera, por eso no podían ponernos los galones, a cambio nos colocaron una franja roja. Los cabos ya cobrábamos una peseta diaria, que yo seguía invirtiendo religiosamente en comprar higos chumbos.

Al jurar bandera sacaron mi foto, por casualidad, en el periódico "El telegrama del Rif", porque siempre ponían delante a los más altos, y le mandé la foto a mi madre. Estaba flaquísimo.

Me escribió "el Lago" diciendo que mi entrenador "el Rubio" había sufrido un infarto y había dejado de entrenar.

Habrían pasado ya un par de meses desde que llegué a Melilla, cuando decidí escribir al presidente de la Federación Española de Boxeo. Le decía que me había tocado Melilla y apenas podía entrenarme, que si no me licenciaban pronto, me iban a estropear la carrera, a ver si él podía hacer algo por mí.

El hombre me contestó diciendo:

–"Te presentas en Artillería 20, allí hay un capitán, que es el jefe de deportes de Melilla, dile que vas de mi parte, a ver si él pudiera hacer algo por ti".

Me presenté en el regimiento de artillería 20. Estaban haciendo gimnasia en el suelo.

–"A sus órdenes mi capitán. Me manda aquí el presidente de la Federación Española de Boxeo..."

El capitán me dijo:

–"Yo sólo me ocupo de la gimnasia, ve a ver si el coronel sabe algo del tema del boxeo".

Y fui a ver a aquel coronel. Me recibió muy bien, me escuchó y dijo que ya lo tendría en cuenta, pero tuve la certeza de que en cuanto me di la vuelta, ya se le había olvidado. El hombre te recibía bien, pero no se molestaba en más.

También estaban haciendo la mili por allí, otros boxeadores de la federación Catalana. Estaban Sasot, Layunta y algún otro.

Ellos pertenecían a otras compañías del mismo regimiento, y como nosotros ya nos conocíamos de los campeonatos de Cataluña, del Trofeo Tomás Cola y de la Copa Presidente, decidimos preguntar si había algún gimnasio donde poder entrenar. Nos dijeron que un municipal llamado Barrachina, tenía uno.

Cuando localizamos el gimnasio, vimos que se trataba de una habitación con el suelo de tierra, que sólo tenía un saco y una ducha, pero como era lo único de lo que podíamos disponer, nos íbamos allí todas las tardes a entrenar.

Algo celebraban en Tawima, porque organizaron una velada de boxeo. Cuando hablaron conmigo para que participara, me advirtieron que no querían que nos pegáramos, porque se trataba de una velada de exhibición.

Me tocó boxear con un legionario alicantino, muy bueno, llamado Asensio. Así que yo salí de buena fe, pensando que el otro no me iba a pegar, pero él iba a por mí, con todo lo que tenía. Como yo poseía recursos y boxeaba más, lo esquivaba, lo paraba, y aquello quedó muy bonito, resultó estupendo como exhibición. Y tal y como estaba previsto, dieron el combate nulo.

Después del combate, Asensio me decía:

–"¡Mecagüen-diez!, si te tenía y luego ¡ya no estabas! ¿Cómo lo hacías? No te podía coger".

Yo podía haberlo rematado, pero como dijeron que no nos pegáramos, me dediqué a no dejarme pegar.

Sasot y Layunta también salieron en aquella primera velada. Sasot salió con un tal Prieto, de Cantabria. En el primer cambio de golpes, lo tiró al suelo, pero se levantó y pasó el mal rato, y ya, en el segundo asalto, lo nokeó.

El de Cantabria comentaba:

–"Tenía que llevar algo en los guantes, parecía que llevaba hierros".

Layunta salió con otro legionario y también le dio una paliza.

Empezaron a llamarnos "Los tres mosqueteros". Los tres éramos de la escuela catalana, aunque Layunta fuera aragonés y yo murciano.

Sasot era el único catalán, su nombre completo era Alberto Sasot Torat y su oficio era el de tornero. A los torneros, por trabajar mucho con las limas, las manos y los brazos se les ponen muy fuertes. Así que cuando enganchaba a alguno a media distancia, lo tiraba. De piernas no estaba muy bien, porque siendo un crío, un camión haciendo marcha atrás, le pilló un dedo, se lo machacó y tuvieron que cortárselo (los camiones de entonces llevaban las ruedas macizas de goma). Al faltarle un dedo, el equilibrio le fallaba, por eso él plantaba los pies y pegaba muy fuerte. Fue campeón de España dos o tres años seguidos, y también internacional, estuvimos juntos en la selección nacional.

Durante la festividad de la patrona, organizaron una velada de profesionales en nuestro cuartel, donde boxeaba el Bravo, que era de Castilla, con uno del cuartel que también era profesional. En aquella pelea el Bravo le dio una paliza al del cuartel. Él estaba muy orgulloso, pavoneándose, pero como aquello había durado poco y me vieron entre el público, me dijeron:

–"Antonio ¿Porqué no sales? ¿Es que no quieres salir?

Yo dije:

–"Sí, hombre...".

Y salí con los mismos pantalones de la mili, sin quitármelos, sólo me quité la camisa. Desde luego, aquello estaba justificado, porque el Bravo era un peso ligero y yo era un medio, pero como yo iba vestido de soldado, los soldados se volvieron locos de contento de ver que le pegaba. Le di una paliza y ya pararon la pelea.

Él era profesional y yo no. Era como un novillero bueno, frente a un torero de segunda, y era mejor el novillero.... Y luego, ¡claro! está el peso. Pero eso a la gente no le importaba, después de ver al Bravo tumbar a uno de los suyos, se volvieron locos, porque yo era más rápido y pegaba más.

Al principio de llegar a la mili, todos pensaban que yo era catalán, pero luego se supo que era murciano. Un día llegó un muchacho y me preguntó:

–"Me han dicho que eres murciano. ¿Es verdad?

Cuando le dije que era de Archivel, exclamó:

–"¿De Archivel?... Mariás ¡Si yo soy de Caravaca! Pero... ¡Si tú eres del campo!".

Él estaba en la cuarta compañía y yo en la primera.

Hasta entonces, el boxeo en Melilla había estado suprimido por el Gobernador General, a raíz de unos tumultos que se habían producido por boxear paisanos con militares, pero un empresario, con excelentes relaciones, del que decían que se dedicaba al contrabando, para justificar su presencia en Melilla, comenzó a organizar veladas de boxeo en el Teatro Nacional de Melilla.

En la primera velada que organizaron, yo hice el combate de fondo y Sasot hizo el de semifondo. Boxeé con uno de la legión llamado Duranget que llevaba bastantes peleas.

Para mí, era la primera velada seria, a la que asistían el coronel y todos los oficiales. Por eso, cuando salí, me cuadré delante del palco de los oficiales, con la mano en alto y tocó la campana. Como necesitaba hacer méritos, me dije:

–"A este no le perdono la vida".

Y en el primer asalto, lo tiré por K.O. Los jefes me felicitaron y después de los jefes, todos los demás. Hasta el cantinero que no era militar, me dijo:

–"Ya sabes que aquí tienes todo el crédito que necesites, oye, todos los bocadillos que quieras".

Se llamaba Bernardino y le cantábamos la canción esa de:

–"No le pongas agua al vino Bernardino, Bernardino...".

Para mí comenzó otro mundo, me rebajaban la mayoría de las instrucciones y, en esos ratos de ocio, me metía en la biblioteca donde recuperé mi afición por la lectura. Lo pasaba maravillosamente leyendo, y me leí casi todo lo que tenían por allí, que eran los clásicos: Homero, Séneca, Eurípides, Cicerón, Platón,...

Un día, caminando por la Gran Vía de Melilla, me tropecé con "Pepe el de la Maestra", (aquél cadete que enseñaba natación en la Muralla durante la guerra). Él tendría entonces veintitrés o veinticuatro años, pero como había estado destinado en el Cuartel de la Montaña durante la guerra, ya le habían otorgado el grado de comandante. Al verlo lo saludé:

–"A sus órdenes mi comandante"

Al darse cuenta de que era yo, me abrazó:

–"¡Felipe! ¡Qué alegría de verte!, baja la mano, no me saludes, ¿Dónde estás?".

Le dije que estaba en el noventa, y me dijo:

–"¡Vaya por Dios!... Ese cuartel de paso es malísimo. Si quieres, hago lo que sea para que te vengas conmigo".

Le dije que al principio sí las había pasado canutas, pero ahora, gracias al boxeo, ya estaba bien, me daban muchos rebajes y me tenían muy bien considerado. Le di sinceramente las gracias por su ofrecimiento y estuvimos hablando un rato de los viejos tiempos.

La segunda vez que vi a "Pepe el de la Maestra" fue cuando peleé con uno de su regimiento. Yo estaba subido en el rin, cuando lo vi en frente, sentado en primera fila. Se me quedó mirando y gritó:

–"¡¿Tu?! ¡Chacho!".

Le hice una señal desde el rin y se acercó diciendo:

–"¡Pero si boxeas con uno de los míos...!"

Él era el jefe de deportes de los regulares 5 que estaban en Segangan.

–"Ten cuidado ¡por Dios!" – me decía – "que sales con un aragonés muy bruto, al que le tengo rebajados media docena de moros y los muele a palos..."

Lo vi tan preocupado que tuve que tranquilizarlo:

–"Pepe, que se boxear, ¿ves el cartel?, pone: Campeón de Cataluña".

Durante el combate, el aragonés era un tío muy fuerte y duro, un chaparra "tirao pa lante", llamado Cubero. En una entrada, me abrió una ceja y entonces lo tiré, pero se levantó. Y ya, cuando volví a tirarlo otra vez, pararon la pelea.

Todos me felicitaron y cenamos en aquél cuartel. Después de la cena, se acercó un asistente árabe y me pidió que lo acompañara hasta el bar. Allí estaba Pepe con todos los oficiales. El cantinero le dijo a Pepe:

–"¿Qué le parece? mi comandante. Mi paisano catalán es el campeón".

Y Pepe se dio el gustazo de contestarle:

–"¿Cómo va a ser paisano tuyo, si es paisano mío? Este campeón es de Murcia, concretamente de Archivel, el mejor pueblo del mundo".

Vino a saludarme el coronel de la base. Yo no sabía quién era, porque llevaba puesto un pijama, pero el que estaba a mi lado me avisó:

–"Levántate que es el coronel".

Y allí estuvo Pepe, presumiendo de paisano.

En la jura de
bandera

Entrenando
en la puerta del
gimnasio del
Barrachina

*Los tres
Mosqueteros:
Junto a Layunta
y Sasot (el del
petate)*

*Junto a Sasot,
antes de uno de
los combates.*

CAPÍTULO 22º

A PUNTO DE PERDER LA VIDA

En la mili estuve dos veces a punto de perder la vida.

La primera vez, fue cuando nuestro regimiento acampó en una playa. Por allí, de forma imprevisible, se formaban unas olas inmensas y el remanso no te dejaba salir. De un momento a otro, el mar se ponía muy traicionero.

Estábamos cerca de unas cábilas de magrebíes a los que les molestaba nuestra presencia, y bajaban a bañarse a la playa en pelotas, para que no se acercaran las mujeres.

Aquella tarde estábamos tres los soldados tomando el sol: Un cabo de transmisiones, muy aficionado a la fotografía, al que llamábamos "el Instantánea", Sasot y yo. Desde la orilla vimos que se acercaban nadando otros tres. Creíamos que eran moros, de los que iban a bañarse a aquella playa, cuando nos dimos cuenta de que el mar se había puesto peligroso. Nos quedamos mirando y vimos a los dos primeros nadadores adelantados, luchando contra las olas. Pero el último no podía llegar, se hundía y solamente sacaba una mano. Se estaba ahogando. Nos Dijimos:

–"Tenemos que ir".

Y salimos los tres, hacia donde estaba.

En una de aquellas olas, vimos que tenía pelo y exclamamos:

–"¡Es un español!".

Aquello nos renovó el ánimo, pero el oleaje era tan fuerte, que Sasot y "el Instantánea" no pudieron más y se volvieron. Los otros dos nadadores también luchaban por su vida para salir. Me quedé solo, pero seguí nadando hacia el que se hundía. Cuando llegué, le entré por detrás, le cogí del brazo izquierdo con mi mano derecha. Pero él estaba tan apurado que intentaba agarrarme con su mano derecha y le grité:

–"¡No me agarres que nos ahogamos los dos! ¡Voy a intentar sacarte!".

Pero él se debatía conmigo. Era un tipo fuerte, aunque estaba tan mal, que mientras luchaba conmigo se desmayó. ¡Menos mal!, y ya, como pude, fui remolcándolo hasta la orilla y allí mis amigos me ayudaron a sacarlo.

Como era la hora de volver a nuestro campamento, sus dos compañeros se quedaron para reanimarlo.

Al buen rato, desde el campamento, vimos que lo llevaban, aún conmocionado, pero ya andando y, cuando el oleaje le rompía en los pies, se asustaba. No quería ni que le rozase el agua.

Pasaron por delante de nosotros y ni siquiera saludaron.

Mi amigo "el Instantánea" quería dar parte porque, según él, me merecía una medalla, pero no quise. Sasot me informó que se trataba de unos de automovilismo.

Allí me la jugué y siempre me sentiré orgulloso por ello.

Después, con el paso de los años, cuando me acordaba de aquello, alguna vez he pensado que posiblemente, debería haber ido a buscarle y decirle que fui yo quien le salvó la vida, porque, entra dentro de lo posible, que los otros dos le dijeran que habían sido ellos quienes lo salvaron, y porque me resulta raro que no se diera a conocer, sabiendo que era el regimiento noventa el que tenía allí el campamento.

Otra vez que lo pasé mal, fue yendo solo.

A mi me gustaba mucho bañarme, así que entré por un pequeño remanso entre las rocas y nadé mar adentro. Pero cuando quise volver, se me había perdido el sitio por dónde había entrado, y el mar se puso otra vez violento. Todo eran rocas y la corriente me arrastraba hacia ellas. Pensé:

–"Si voy para allá, las olas me van a matar en las rocas".

Me vi muy mal pero, en vez de intentar salir, tuve el acierto y el instinto, de irme otra vez nadando hacia dentro y, cuando las olas me elevaron, miré y vi la entrada, entonces nadé con todas mis fuerzas, hacia ella, y salí como pude, revuelto con las piedras, la espuma y la arena.

Allí también las pasé canutas, porque las olas contra la pared rocosa, me hubieran matado.

Como era ya la segunda vez que había estado a punto de morir en aquella zona, me informé y me dijeron que aquél fenómeno era natural en el "Cabo de Tres Forcas", porque en pocos minutos se pasaba de un mar tranquilo a un mar embravecido, y eso le había costado la vida a mucha gente.

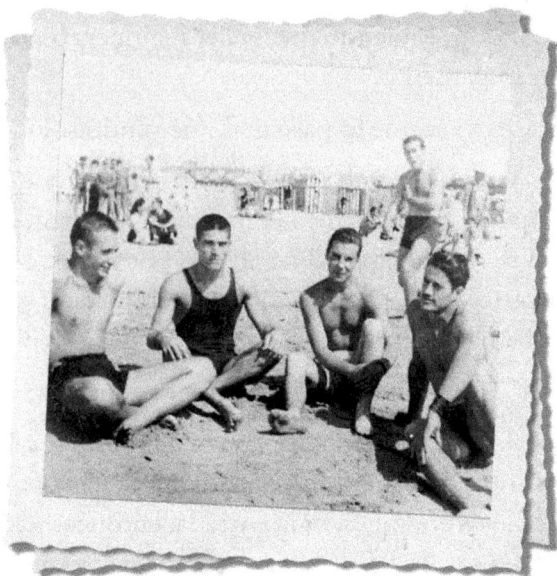

En la playa
con Sasot y otros
amigos.

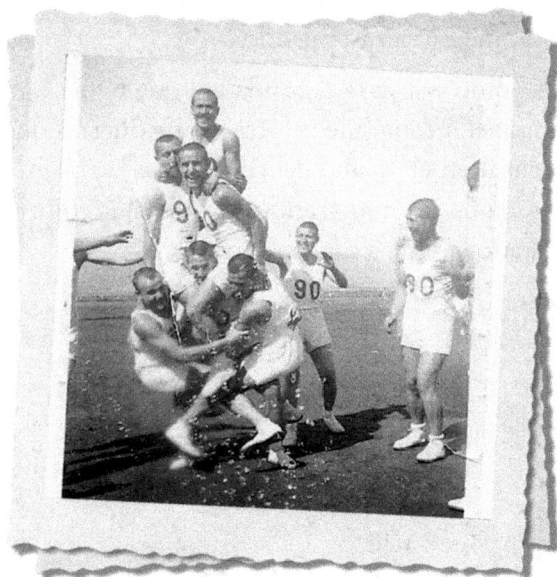

El regimiento
90 haciendo
gimnasia. Soy el
que sostiene a los
otros cinco.

CAPÍTULO 23º

EL PRIMER PERMISO

Estaba también haciendo la mili en Melilla, un muchacho de Archivel al que llamábamos "el Gata". Yo lo conocía desde niño, de juntarnos cuando pasaba temporadas con mi abuela. Él tenía la costumbre de robarle los huevos de las gallinas a su madre, les hacía un agujero y se los bebía. Siempre llevaba alguno en los bolsillos.

Se había convertido en un muchacho muy alto y flaco, se llamaba Alfonso López.

Un día, vino a ver si le daba entradas para el combate que se celebraba en La Hípica, porque me había visto en los carteles. Así, que estando en la velada, se vino conmigo al camerino y dijo:

–"Voy a echarle un vistazo al otro".

Pero cuando volvió, venía asustado:

–"¡Felipe, ten cuidado, porque dice que te va a matar, que tu ganas a los demás porque no has dado nunca con un tío como él!....y la verdad es que es muy grande, más que yo. Medirá dos metros"

Pensé:

–"Bueno, ya veremos a ver qué pasa".

Y salimos. En el primer asalto, yo debía de ir un poco tenso, porque lo cogí con la izquierda cuando entraba y le hice un K.O. de esos que no podían reanimarlo y se lo tuvieron que llevar. Mi paisano exclamó:

—"¡Lo has matao!"

Al día siguiente, fui a verlo al hospital y me llevé un buen susto, porque se equivocaron, y me llevaron hasta un soldado que acababa de tener un accidente con un camión que le había destrozado la cara. Llevaba toda la cabeza llena de vendas. Al verlo casi grité:

—"¡Este no es! ¡Yo no le he pegado tanto!".

Para mi tranquilidad, mi contrincante sólo tenía una conmoción y muy pronto le dieron el alta. Aquel largo se llamaba Mulero o Melero, no recuerdo bien.

Al año de empezar la mili, por fin, me dieron el primer permiso. Pero cuando llegué a mi casa, la verdad es que me dieron ganas de volver.

Me encontré con un panorama muy triste. Habían tenido que vender el carro y el caballo, porque el negocio no daba para pagarle a un carretero. Apenas tenían para subsistir. Estaban pendientes de que les dieran una parada en el mercado de Santa Catalina.

Sintiéndome culpable de la situación, por no haber intentado siquiera librarme de la mili, comencé a trabajar con mi tío José María, de ayudante con su camión, con el fin de ayudar en lo que pudiera, durante el mes de permiso.

Me pasé por el gimnasio y eché de menos a mi entrenador. Pensé que cuando me licenciara, tal vez tendría oportunidades con otros entrenadores.

Aquél mes se pasó volando. Regresé a Melilla y, mientras deshacía el petate, me dijeron que aquel muchacho de Caravaca que estaba en la cuarta compañía, aquél tan sorprendido de que yo fuera del campo, había contraído unas fiebres, después de haber realizado con su compañía, una incursión tierra adentro, y se había muerto.

Después, también me enteré que durante mi ausencia, se había celebrado una velada de boxeo en el Teatro Nacional, donde habían peleado, en el combate de fondo, Layunta contra Asensio.

"Layunta" era un welter, pero un welter que se subía a medio y, como los pesos medios no estábamos muy gordos, pues también nos bajábamos al welter, y podíamos boxear.

Durante aquel combate en el Teatro Nacional, Asensio nokeó a Layunta. Por eso, cuando organizaron otra velada en el Teatro Nacional, en la que yo peleaba contra Asensio, Layunta me decía:

–"Tienes que vengarme".

Asensio me pedía que no lo nokeara, porque nosotros ya habíamos peleado antes y también habíamos entrenado juntos. Pero cuando salimos al combate, si yo me descuidaba, él tiraba a matarme. Allí ya se jugaban los sueldos los oficiales, así que no tuve mucha caridad. Layunta que lo tenía aborrecido, en el rincón me increpaba:

–"Tienes que liquidarlo porque ese es un bandido".

Le pegué una paliza, de las más gordas que he pegado, pero me aguantó la pelea.

Asensio hubiese llegado a ser un gran boxeador, si no llega a ser por la mala cabeza que tenía. Al poco de incorporarse a la legión, le pegó a un oficial. Eso, en aquellos tiempos y en la legión, era prácticamente pena de muerte. Como castigo, lo metieron al pelotón y al que metían al pelotón, era muy raro que saliera sano. Pero Asensio les dijo a los mozos de vara:

–"Al que me toque, cuando salga, lo liquido. Al que sea, ya lo sabéis."

Y estuvo allí hecho un señorito, porque todos sabían que no gastaba bromas.

Una de las anécdotas que contaba, es que uno de sus compañeros del pelotón, le dijo:

–"Yo ya no puedo aguantar más, me muero. Si tuviera la suerte de lisiarme y me mandaran al hospital".

Y cuando estaba descuidado, Asensio cogió una piedra de más de 50 kilos, se la dejó caer en una pierna y se la rompió.

Una noche tocaron generala y nos mandaron a la frontera, más allá de Tawima. Por mi graduación de cabo, dejaron a mi cargo un destacamento con 6 soldados y una ametralladora.

Ya era de noche cuando llegamos a la frontera. Nos metimos en unas tiendas de campaña que estaban montadas, pero tuvimos que salirnos de allí, porque nos comían los piojos. El destacamento que había estado antes, debía de ir infectado, porque en aquellas tiendas no había quien viviera.

Antes de salir, el oficial me había dicho:

–"Por la noche, pon a uno de guardia cada dos horas. No os durmáis, ya sabes que pueden mataros y robaros la ametralladora".

En la frontera había mucho movimiento debido a las batallas entre los alemanes y los aliados en África.

Venía con nosotros uno al que llamábamos "el Tripote", porque al trípode de la ametralladora lo llamaba tripote. Él decía que era español, pero era moro. La cuestión es que él y unos cuantos, se habían pasado de bando y, al cruzar la frontera, los tirotearon. A sus compañeros los mataron y él llegó con heridas en brazos y piernas. Los militares lo elogiaron mucho y lo destinaron a nuestra compañía. Decía que no le dolían las heridas, que ya podía hacer cosas.

Me admiraba y decía:

–"Yo también soy como tu, muy valiente, pero cuando peleo doy con cabeza."

Yo le explicaba que en el boxeo, no se deben dar cabezazos. Pero lo cierto es que por aquellas tierras, tenían la costumbre de utilizar la cabeza en las peleas, ¡parecían carneros!

Total, que llegamos a acampar en la frontera, nos instalamos y comenzamos a conversar. Estábamos allí relajados, cada uno hablando de sus ilusiones. Nos sentíamos tan gusto que decidimos no dormir ninguno y quedarnos todos despiertos, pero, al final, nos quedamos durmiendo los siete. ¡Menos mal que no nos pasó nada!

Cuando el Tripote se presentó al examen de cabo, le preguntaron qué era un grupo mixto. Él no lo sabía y nos miró buscando ayuda, entonces le hice el gesto de encender un fósforo y exclamó: –"¡Una cerilla!".

Le gastábamos bromas y las admitía, era un gran tipo, además jugaba muy bien al ajedrez y al billar. Cuando se hizo cabo, hacíamos juntos las guardias.

El oficial nos decía:

–"Con una población militar tan numerosa, es necesario presentar un mínimo de diez novedades cada uno".

Pero a mí me costaba mucho tener que denunciar a nadie, entonces, el tripote cogía veinte, para que yo no tuviera que coger ninguna. Donde más novedades cogía era con los moros, porque cuando se mosqueaban hablaban en árabe, creyendo que no los entenderíamos, pero él los entendía perfectamente.

Después de licenciarnos lo vi por Valencia, donde trabajaba de guía turístico, ya que él hablaba perfectamente francés, árabe y español.

Otra vez lo vi, muchos años después, por las Ramblas. Yo iba con un grupo de amigos y él me llamó:

—"Jiménez"

Empezó a decirles:

—"Este los tiraba a todos, este sí que era bueno."

Durante la mili hice muchas peleas, pero el combate más peligroso en el que boxeé, fue con un hebreo que, no es que fuera bueno, es que el tío tenía muy mala leche. Lo tiré en el primer asalto y se levantó, entonces me cogió por los hombros y me lanzó un cabezazo a la cara que, si me coge de lleno, me desfigura. Ya no tuve compasión, movido por la rabia, le hice un K.O. espectacular.

Me propusieron hacer una velada en La Hípica y traer al campeón del Marruecos francés. Éste era un trotamundos profesional, muy veterano, que había peleado en París, Barcelona y allí donde lo llamaran. Después de estar en el cuadrilátero, a punto de tocar la campana, dijo que no boxeaba si no hacían el combate a ocho asaltos. Él sabía que nosotros, por ser amateurs, no estábamos acostumbrados a combates tan largos. Pero ya subido entre las cuatro cuerdas, lo tomé como un desafío personal y acepté. En aquellos tiempos las normas se incumplían casi habitualmente. Yo estaba en plena forma y le pegué una gran paliza, haciéndole besar la lona en varias ocasiones.

Este hombre, después de la pelea, noblemente me aconsejó que cuando me licenciaran, fuese a París, porque allí yo tenía muchas posibilidades de destacar como figura. Por aquél combate me dieron cuatro mil pesetas.

Antes y
durante el
combate con el
campeón del
Marruecos
Francés

JIMENEZ
(Internacional)
Campeón de Marruecos

CAPÍTULO 24°

EL EQUIPO DE MARRUECOS

Tengo el privilegio de poder decir que durante los años que estuvimos haciendo la mili en Melilla, levantamos la afición al boxeo. Cosa que, por supuesto, encajaba perfectamente con lo militar.

Varios aficionados se unieron e instituyeron la "Federación de Boxeo de Marruecos" y nosotros fuimos el "Equipo de Marruecos", que no hacíamos nada más que entrenar y llevar vida de fraile.

Era un equipo tan bueno, que fue el único de España que ganó al equipo catalán, y eso que el equipo catalán contaba con varios subcampeones de Europa.

El equipo de Marruecos se componía de:

LAYUNTA: En el peso welter, muy bueno, había peleado con los mejores boxeadores de España.

SASOT: En el peso ligero, buenísimo, fue campeón de España muchos años seguidos.

JUVÉ: En el peso pluma, de Tarrasa, también muy bueno, había hecho bastantes peleas en Barcelona antes de irse a la mili.

BEN-KIRAN: En el peso gallo, de Melilla, su familia tenía allí una carnicería, era el único que no pertenecía a la escuela catalana.

En realidad se llamaba Prudencio Martín pero se había cambiado el nombre a efectos pugilísticos, era peligroso por ser muy fuerte.

Y YO: En el medio, mi peso, no tenía adversario.

Aunque ya era tarde para tomar parte en los campeonatos de España, nos propusieron hacer una tournée por la península. El gran inconveniente era que no había dinero para el viaje. Pero, con tal de tener permiso, decidí poner las cuatro mil pesetas que había ganado en el combate contra el campeón del Marruecos francés, convencido de que si boxeábamos en Valencia o Barcelona, seguro que las recuperaría.

A última hora, se presentó Asensio pidiéndonos que lo incorporáramos al equipo, porque era el único modo que tenía de poder disfrutar de un permiso.

En el equipo de Marruecos, yo era el único que tenía la graduación de cabo, todos los demás eran soldados, por eso estaban a mis órdenes y me tocaba a mí decidir quién venía y quién se quedaba.

La primera faena que hizo Asensio fue en el tren. Venía fumando grifa y, en el compartimento, viajaba con nosotros un hombre mayor que nos preguntó:

–"¿Qué tabaco es ese que llevan ustedes?".

Asensio le dijo:

–"¿Quiere usted un cigarro?, Espérese que le voy a liar uno".

Y le lió uno de grifa. Nosotros le dijimos:

–"Muchacho, no le des eso al viejo".

Pero se lo dio, y al rato, el viejo quería tirarse por la ventanilla. Después, también se peleó con un viajero que se puso chulo, y le pegó una piña que le puso un ojo para perderlo. Él se reía mientras le señalaba el ojo con el dedo.

Layunta me decía:

–"Si yo fuera tú, le habría roto la cabeza cuarenta veces! ¡No sé para que te lo has traído!".

Cuando estábamos en Málaga, no recuerdo porqué, me junté con 6 albaricoques. El caso es que eran míos, y pensé:

–"Para mí es algo y para todos no es nada".

Pero luego recapacité:

–"No, yo no soy así".

Y decidí repartirlos. El caso es que había un albaricoque bueno y los demás estaban verdes, pero como los repartimos, me tocó el más verde. Mientras me lo comía pensaba:

–"¿Cómo puedo ser tan tonto y tan Quijote? ¡Si al menos, me hubiese quedado con el maduro!"

Al llegar a Valencia, Asensio se fue hacia Alicante, con la intención de tomarse el permiso y luego incorporarse, ya por su cuenta, a la legión. Los demás, sólo teníamos el dinero justo para comprar los billetes hasta Barcelona.

En Valencia teníamos que parar unas horas y, como estábamos muertos de hambre, decidimos acercarnos por la Federación Levantina.

Nos presentamos ante su presidente, que era el Doctor Oliete, y le dije:

–"Mire usted lo que nos pasa, sólo tenemos lo justo para el viaje. Si quieren, cuando volvamos, nos montan una velada y boxeamos aquí, el equipo de Marruecos, con quienes nos busquen. A ver si fuera posible que nos adelantaran algo para comer, hasta llegar a Barcelona, y después, a la vuelta, lo devolvemos."

Nos dijo:

–"No tenéis que devolver nada ¿Tendréis bastante con dos mil pesetas?".

Yo exclamé:

–"¡¿Dos mil pesetas?! ¡Si sólo necesitamos para comer!".

Pero él se empeñó y nos las dio.

Encargamos una paella en el mismo sitio donde habíamos dejado consignadas las maletas. Yo no me he comido jamás una cosa tan buena, pero todos cambiamos el paladar, porque nos la comimos hirviendo, del hambre que teníamos.

En Barcelona, cada uno se fue con su familia, excepto Ben-Kirán que, como no era de allí, se fue con Layunta.

En mi casa estaban empezando a vivir mejor gracias a la parada del mercado que, por fin, habían conseguido.

Muy pronto organizaron el primer encuentro "Cataluña-Marruecos" que se celebró en El Price. Me tocó de contrincante "el Nuses".

Había dos Nuses que eran hermanos, uno era campeón de Cataluña del peso medio y el otro era campeón de España del peso semi-pesado, que era la estrella del equipo catalán. Creíamos que me pondrían al campeón de Cataluña del peso medio, pero me pusieron al hermano que me llevaba lo menos 15 kilos. Todo el mundo decía:

–"¡Pobre chaval! ¡Lo va a matar!".

Pero luego, cuando vieron al Nuses en el suelo, exclamaban:

–"¡No puede ser!".

Al día siguiente, en el periódico "Mundo Deportivo", el dibujante Castanys dibujó una caricatura de aquella pelea (el recorte debe andar aún por ahí). Al pie de la caricatura ponía:

–"Los golpes y los chichones provocan las emociones"

En la viñeta se veían a dos boxeadores, uno gordo y otro flaco, y todo el mundo de pie aplaudiendo, diciendo bravo y tirando ramos de flores.

Fue uno de esos combates que tanto gustan al público, con constantes cambios de golpes. También tengo por ahí una copa de plata donde pone la fecha.

Al Nuses lo tiré y en vez de contarle 8 le contaron 18, si no, le hubiese ganado por K.O.

A raíz de aquella pelea obtuve reconocimiento a nivel nacional y nuestro equipo ganó a la selección catalana.

Aquella noche al llegar a mi casa, mi madre desde la cama, me preguntó:

–"¿Has ganado?".

Le contesté:

–"Sí".

Ella continuó:

–"Pues bien justo que te ha ido".

Había ido a verme, pero al oírme llegar, se había metido en la cama, vestida y todo. Se levantó y me dijo:

–"¿Cómo sales con una ternera tan grande?"

Y casi emocionada, me dio un enorme abrazo.

La segunda vez que boxeamos, el equipo de Marruecos se enfrentó a la Selección Francesa, en San Justo de Esber (Barcelona). El patrocinador de la velada, era un gran restaurante.

Durante los pesajes, todos nos preguntábamos cuál sería nuestro adversario. Entonces pasó hacia la sala de pesajes "Artero", que era un excelente entrenador de boxeo catalán, que había llevado a grandes figuras del boxeo español, entre ellas a José Gironés. Pero ahora, lo tenían castigado por rojo.

Vimos que Artero estaba hablando con los franceses, y habló con uno que tenía las orejas de coliflor y la cara muy marcada por los golpes, con la nariz que parecía un sillón de bicicleta. Era muy alto y recio. Pensé que se trataba de un peso fuerte, pero después, cuando fuimos saliendo, resultó que me tocó de adversario. Aún no me lo podía creer:

–"Pero... ¿No es este un peso fuerte?".

Resultó que de arriba era robusto, pero era muy finucho de piernas, culo y cintura, y estaba en el peso medio. El tío era campeón de Francia mucho tiempo. Se llamaba Relié. A mi no me intimidaba porque, a esas alturas, yo ya había ganado al Nuses y tenía una moral extraordinaria.

Cuando salimos al combate, un tío tan alto y recio, boxeaba agachado y en línea. Siendo él mucho más alto que yo, parecía yo más grande. Era de esos batalladores que van siempre hacia adelante, y por eso tenía la cara como la tenía.

La pelea nos la arbitraba honoríficamente Francisco Peiró, que en aquél momento era figura profesional del boxeo catalán. En sus intervenciones, como el francés no lo entendía, me animaba y me decía:

–"Venga, que lo tienes tocado".

Le gané de calle, pero tenía la cabeza muy dura y tuve la desgracia, en ese combate, de romperme la mano. De no haberme lesionado, le hubiese ganado antes del límite. Nos dimos una gran paliza y al terminar la pelea, Lorente, que había ido al combate, me preguntó:

–"¿Cómo es que no lo has tirado? Si lo tenías tocado...".

Me había roto el primer metacarpiano de la mano derecha.

Al día siguiente me encontré con mi contrincante en las ramblas, nos saludamos y me dijo que casi todo el equipo francés había desertado. Se iban a Argelia para unirse al ejército de la resistencia y él también se pasaba a la zona de De Gaulle. Le deseé suerte. Relié me recomendó que al terminar la contienda me fuera a París. Dijo que allí, yo podría tener grandes posibilidades y, los mismos que la noche anterior nos habíamos dado una paliza en el rin, nos dimos un fuerte y efusivo abrazo.

Muy poco después, recibí la carta de la Federación Española de Boxeo diciendo que me habían seleccionado. Fue una de las alegrías más grandes de mi vida: ¡Ya estaba en la Selección Nacional de Boxeo!. Pero la lesión de mi mano era más grave de lo que me imaginaba.

Con la mano rota, mi madre se empeñó en llevarme a un curandero que decían que arreglaba los huesos. Aquel hombre me arregló la mano, pero no puso el hueso en su sitio y tardé muchísimo en recuperarme.

Me llamaron, por primera vez, para representar a España en Madrid, contra Hungría. Tenía la mano escayolada y casi lloré por no poder ir. Pero a los 15 días, el equipo húngaro volvía a competir y me llamaron otra vez.

No debí asistir con la escayola recién quitada, pero tenía tantas ganas... Además debía justificar ante mi regimiento, el largo permiso del que disfrutaba.

La competición internacional se celebraba en Bilbao y allí, hartos de tren, nos fuimos incorporando el equipo nacional, conforme pudimos. Como algunos ni siquiera íbamos presentables, el Presidente de la Federación Española, el Comandante Otzoy, nos pagó de su propio bolsillo, algunas ropas para no hacer el ridículo.

Allí pude ver la enorme diferencia que había entre los equipos extranjeros y el nuestro. Era evidente que nosotros estábamos recién salidos de la guerra civil, mientras que ellos estaban aún en pleno apogeo y, aunque fuese sólo por marketing, tenían que exhibir lo bien que lo llevaban.

El equipo húngaro traía al mando a un teniente general, todos venían elegantemente vestidos, con el mismo atuendo: Chaquetas azul marino llenas de botones y sellos, con pantalones y sombrero blancos.

Nos alojaron a los dos equipos, en un hotel de primera. Los boxeadores comíamos todos juntos, en una mesa larga. Un equipo se sentaba frente al otro, y las comidas eran muy divertidas porque, como no nos entendíamos, con los mejores modales, les decíamos las barbaridades más gordas. Supongo que ellos harían lo mismo, porque todos reíamos muchísimo.

Como me pasaba de peso y en el equipo Húngaro eran muy rigurosos, tuve que perder cuatro kilos en un día, a base de sauna, de esas que sólo te asoma la cabeza.

La competición se celebró en el frontón Euskalduna. Mi contrincante se llamaba Torma, era el mejor del equipo húngaro. Posteriormente quedó campeón olímpico en Londres. Durante el combate me sentí mal, no podía usar mi mano derecha y cuando la usaba, veía las estrellas, por eso opté por abandonar. Mi contrincante se extrañó porque no llegamos ni a despeinarnos. Era mi primera derrota y me afectó mucho.

El equipo español que se ha enfrentado al húngaro en Bilbao.

Con la selección española.

CAPÍTULO 25º

ESPERANDO LA LICENCIA

Sufrí mucho con la mano. Me daba baños de agua muy caliente con sal, todo lo caliente que podía, y luego la metía en agua muy fría, pero mi mano ya no era la misma. Como me hacía daño, ya no pegaba fuerte y, no poder responder a mis expectativas, me entristecía.

Aunque realmente nunca perdí la moral, porque yo ya era consciente de mis cualidades. Eso, una vez que lo sabes, es muy difícil que nada ni nadie te lo quite, pero se me hizo evidente lo frágil de mi situación. Pensé que tendría que dedicarme a alguna otra cosa, en comprarme un taxi o en hacer negocios.... de todas formas... las fronteras estaban cerradas y no nos dejaban salir fuera de España....

Regresé a Melilla y ante mi extrañeza, recibí varias cartas de entrenadores ofreciéndome sus servicios. Uno de ellos me mandaba doscientas pesetas en sellos. Era el preparador del Equipo Olímpico Español y además el manager de Ferrer, Lloveras, Nuses y otras figuras del boxeo español, se trataba de "el Comas". Le escribí aceptando su tutela, en cuanto me licenciaran y mejorase de mi lesión.

Asensio vino a verme, para despedirse. Lo habían licenciado y venía con un traje azul marino, dos putas, una a cada lado, y una rosa roja en la solapa. Era un zagal apuesto y moreno. Me dijo que se dejaba el boxeo porque yo le había pegado mucho. Le dije:

–"¡Pero muchacho! ¡Si eso no tiene nada que ver! ¿No ves que todos tenemos nuestras altas y nuestras bajas?, ¡Nuestras maneras!. Y yo te tomé muy bien el terreno y sabía dónde tenía que trabajar. Pero tú eres muy bueno, ¡me aguantaste la pelea!. Lo único que te tienes que dejar son las putas".

Pero se lo dejó. Ya no boxeó más.

Al poco tiempo disolvieron nuestro regimiento y nos mandaron a todos a la península. A casi todos los mandaron al norte y a otros pocos privilegiados, nos mandaron al levante, al 20 de Guadalajara. Allí fuimos a parar Sasot, Layunta y yo.

Comenzamos a ir a un gimnasio estupendo que tenían, porque en Valencia también había boxeadores excelentes como García Álvarez, Llácer, Ben Buker,... Allí entrenaba Xanchili que fue campeón del mundo.

El entrenador se llamaba Martínez Fort y fue él quien me recomendó a la Federación Levantina, cuyo presidente, el doctor Oliete, que ya conocía cuando nos socorrió en el viaje a Barcelona, resultó ser un médico de los huesos muy bueno. Él me trató la mano dándome todos los días, sesiones de onda corta. Me dijo que había cometido una barbaridad al no poner el hueso en su sitio y por boxear recién lesionado.

Estas sesiones me mejoraron bastante, hasta el punto, que acepté cuando nos propusieron boxear a los tres, en la plaza de toros de Valencia.

Layunta boxeó con Ben Burker, que era el campeón de España, e hizo un combate muy bueno, aunque perdió por puntos. Sasot ganó sin ninguna dificultad. Y yo boxeé, en un combate mixto, con un profesional de estos obreros del rin, duros, y también le gané de calle, pero mi derecha aún se resentía, de lo contrario le hubiese ganado antes del límite. Este muchacho después me confesó que no me había visto en toda la pelea.

Al poco tiempo me dieron otro permiso y volví a Barcelona, donde tuve tiempo para pensar en mi vida y en mi futuro.

La experiencia con mi mano me demostraba que, aunque yo fuese muy bueno en el boxeo, tendría que buscarme una estabilidad profesional que no dependiera de una lesión. Por las noches me costaba dormir y pensaba:

–"Si con el boxeo pudiera juntar suficiente dinero para iniciar algún negocio... pero ahora.... tal vez mi mano no llegue a ser la misma..."

Me dolía la derrota con Tormas y recordé las grandes pérdidas de mi vida: Mi caballo de cartón, mi burro...

Yo, que había visto las calamidades de la guerra, casi me reí al reconocer que esas eran mis grandes pérdidas.

Entonces fue cuando me di cuenta del afecto de mi abuela Botera, de sus consejos, que tanto me consolaron en su momento, y que todavía seguían mostrando su vigencia en la superación mis problemas de adulto. Esta situación tan penosa e importante ahora, seguro que también cambiaría y, ¿quién sabe si, con el tiempo, también me haría sonreír?

Durante aquel permiso trabajé en un garaje de la Gran Vía. Era un local muy importante. Mi misión era lavar coches y vigilar. Allí cobraba sesenta pesetas a la semana más las propinas.

Había propinas muy sustanciosas, como las quince pesetas que dejaba un señor al que llamábamos "el querido", que venía por las tardes, tres veces por semana, con un coche pequeño. Naturalmente, al que nos tocaba de servicio, le limpiábamos el coche como las estrellas, porque esa propina, si la cogías dos veces, equivalía a medio sueldo semanal.

Este señor era un industrial muy rico, al que veíamos por las mañanas, pasar por la Gran Vía con un cochazo de lujo. Nos dejaba el coche pequeño en el garaje para irse con su querida, que vivía por allí.

Yo estaba deseando salir del garaje para irme a entrenar con el Comas, que estaba entusiasmado conmigo. Me propuso debutar como profesional y acepté.

Debuté como boxeador profesional en El Price, en una velada en la que el combate de fondo corría a cuenta de Romero, que era campeón de Europa. Yo hice el combate de semifondo con un primera serie vasco llamado "Lecuona". Era un hombre muy duro y, como en el boxeo profesional, los guantes eran más pequeños, sólo con cuatro onzas de peso, y hacen mucho más daño, me cansé bastante, pero le gané por K.O. en el quinto asalto.

Cobré una bolsa de ochocientas pesetas. Quien más cobró en aquella velada fue Romero, que recibió tres mil pesetas.

Al día siguiente, en el "Mundo deportivo", Castanys me sacó en su viñeta, en la que se veían a dos boxeadores con gesto servicial en mitad del cuadrilátero diciéndose:

–"Siéntese usted primero".

–"No, usted primero".

El Comas estaba muy contento, quería prepararme varios combates para seguidamente, hacer el campeonato de España en cuanto me licenciaran.

Los elogios que más aprecié fueron los de mis propios compañeros boxeadores, que me aseguraban que tenía facultades para ser una gran figura del boxeo.

En el garaje también me felicitaron y un cliente finlandés, que se dedicaba a la exportación de maderas y era gran aficionado al boxeo, me ofreció trabajo de guardaespaldas para así poder cruzar la frontera y salir de España.

Mi permiso en la mili era indefinido, estaba esperando la licencia y por fin, llegó. ¡Ya podía hacer lo que quisiera!

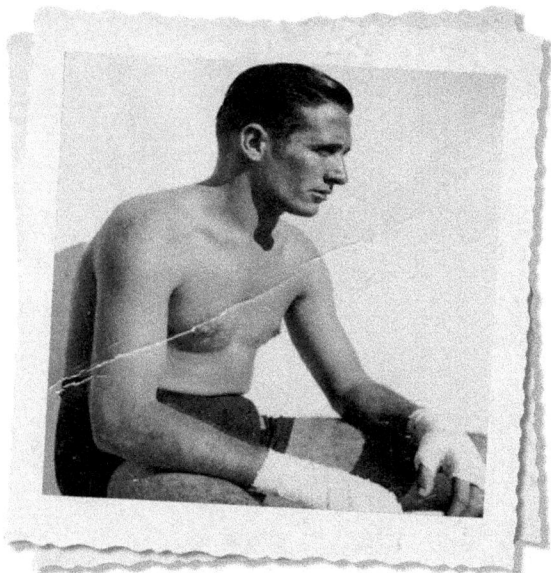

CAPÍTULO 26º

DE VUELTA A ARCHIVEL

Estaba recién licenciado cuando vino a visitarme, desde Archivel, mi primo José, que quería comprarse una pierna nueva de madera. Me dijo que la abuela se había quedado ciega y me propuso volver al pueblo. Habían pasado más de siete años sin saber nada de ella y decidí regresar.

Llegué al día siguiente de la festividad de Todos los Santos. Mi abuela, al reconocerme, lloró de alegría. Estaba muy viejecica y me preguntó:

–"¿Es verdad que eres el campeón de los moquetazos?"

Estuvimos hablando un rato y cuando le conté que había debutado como profesional, me dijo:

–"Esa profesión, no es un oficio pa to la vida, ¿verdad? Aunque ninguno dura pa siempre. Ya ves, con lo que yo he luchao y ahora, hasta mis hijos me cierran la despensa con llave".

Al salir de su casa, una vecina me saludó y me avisó:

–"Felipe, aunque te pida, no le des dinero a tu abuela, porque se junta con la Manquita y se chispan".

La Manquita era una mujer algo mayor que mi abuela, que también había tenido negocio propio y habían hecho muchos viajes juntas en el carro. Tenían la costumbre de parar en las ventas para descansar y quitarse el frío tomando aguardiente.

Archivel seguía siendo un pueblo hermoso. Yo me sentía bien sólo con estar en él.

Aquella tarde, estando en la plaza con mi primo y otros amigos, oíamos las risas de un grupo de muchachas que estaban sentadas en los poyos del molino. Cuando pasaron frente a nosotros, una de ellas me llamó la atención, era muy guapa.

Le comenté a mi primo:

–"Te has dado cuenta qué zagala más bonica... si no diera esos pasos tan largos".

Él me dijo que se llamaba Juanica, sólo tenía 16 años y todavía iba por la escuela para hacer trabajos manuales.

En los ratos que estaba con mi abuela, me fue contando que mis tíos se habían repartido la herencia, que al principio se llevaban bien, todo eran francachelas y los negocios los llevaban a medias. Como regalo de bodas, mi abuela había obsequiado a mi tía, con un coche nuevo, un Chebrolet. Y pensaba que cuando yo me casara, también haría lo mismo, pero ya no podía ser, se lo habían ido gastando todo. Después comenzaron las peleas, al principio a golpes, después judicialmente. Para mí apenas quedaba nada, pero ella me había guardado una casa y dos bancales en la huerta.

La casa estaba tan derruida que apenas se podía vivir en ella y los bancales eran de media fanega. Vendiéndolo todo, apenas tenía para comprarme un taxi.

Le pedí que me permitiera vender lo que me había tocado y así conseguir un oficio en Barcelona, pero me dijo:

–"Hasta que yo no cierre el ojo que me queda, no dejo que se vendan más cosas."

Decidí quedarme algunos días más en el pueblo. Allí estaban mis amigos de la infancia, y Archivel seguía siendo tan acogedor como siempre.

Las muchachas se sentaban por la tardes al sol, mientras bordaban o cosían, y los muchachos nos pasábamos por aquellos grupos de mujeres, para participar en sus conversaciones, para saber si después nos juntaríamos en cualquier casa, donde hacíamos juegos o bailes y, sobre todo, para conocerlas y buscarnos novia.

En la primera oportunidad que tuve, saqué a bailar a la Juanica. Era muy tímida pero aceptó. Le hacían gracia todas las tonterías que se me ocurrían. Era muy femenina y tenía una sonrisa tan bonita, que cuando sonreía, el mundo entero se iluminaba. Yo la acompañaba siempre que tenía ocasión.

Ella me confesó que sus largos pasos se debían a que los muchachos le daban tanta vergüenza que los daba casi sin querer, para no salir corriendo y marcharse cuanto antes.

Regresé a Barcelona por Navidad.

Me sentaba en el borde de la cama, pensando en ella, en la necesidad de tener mi propio espacio y de buscarme un oficio que permitiera ganarme la vida.

Me di cuenta que en Archivel la mayoría de la gente continuaba dedicándose a la arriería, vendiendo por cortijos y pueblos, donde sólo se podía llegar con caballerías. Entonces se me ocurrió que podía intentarlo con el oficio de mi abuela, porque yo tenía la ventaja de conocer Barcelona, donde estaba toda la industria textil, que los comerciantes pequeños de los pueblos de Murcia desconocían.

El gran inconveniente era el dinero. Así que le dije a mi madre:

–"Voy a ir a ver si el José Mª y el Francisco me dejaran algún dinero para empezar".

Mi madre exclamó:

—"¡Sí!, ¡Cómo que te lo van a dejar!, ¡A mí, que sólo necesitaba trescientas pesetas para el piso, no me las dejaron!"

Pero fui, se lo dije y me prestaron mil quinientas pesetas, cada uno. Mi madre no salía de su asombro.

Con ese dinero fui a un comercio llamado "Textil Venta", donde me atendió el encargado que se llamaba "Señor Mena". Él me indicó que tenía algunos saldos que estaban muy bien y me aconsejó sobre los géneros que más se vendían.

En cuanto pude, volví a Archivel. Le había comprado a la Juanica una sortija y unos pendientes. Se los di y le pedí que fuese mi novia. Ella me abrazó, me dio un beso fuerte en la mejilla y me dijo que sí. Yo empecé a llamarla Juanita.

Mi tío y mi primo escogieron los géneros que más les gustaron para venderlos en su tienda. Lo que sobró, se lo vendí a dos o tres arrieros más o menos de mi edad, que yo conocía.

Aunque lo había vendido todo y casi había duplicado el dinero que me prestaron mis tíos, las cuentas no terminaban de salir, porque entre el viaje, la estancia y el tiempo que gastaba, se me iban casi todas las ganancias. Estaba claro que debía aumentar las cantidades.

Entonces me enteré que daban préstamos a cuenta de la escritura de la casa. Pregunté en el banco y me dijeron:

—"Si tienes la escritura y alguien que te avale, te prestamos cinco mil duros para un año, descontándote los intereses".

Así que fui otra vez a hablar con mi abuela. Ella me dejó las escrituras. También le pedí a un conocido que me avalara. Me dijo que sí y me firmó, pero cuando estaba sacando el dinero, se acercó y me dijo:

—"¿Qué? ¿Te lo han dado?"

Una alpargata y un zapato

–"Sí "– Le contesté. Y añadió:

–"Pues yo estaba por aquí para ver si pudieras dejarme mil pesetas".

Ya jamás me las devolvió. Yo tampoco se las pedí, porque fue como pago al favor, y aquél conocido se cobró el favor casi por adelantado.

Total, que entre unas cosas y otras, me quedaron 22.500 pesetas que junté con las casi 6.000 que había ganado.

Con eso volví a Barcelona y fui otra vez a Textil Venta, donde pregunté por el Sr. Mena. Me dijeron:

–"El Sr. Mena está de vacaciones, pero está el dueño que también lo puede atender".

El dueño resultó ser un muchacho joven y le dije:

–"Yo preguntaba por el señor Mena porque él siempre me guarda algún saldo".

–"Pues precisamente ha salido una partida con unos puntitos en el tinte, que vamos a saldar".

–"¿Hay muchas piezas?". Pregunté

–"Unos cuatro o cinco mil metros"

–"Yo tanto no puedo".– Le argumenté – "Sólo puedo llevarme unas cuantas piezas, porque en este viaje ya he comprado y sólo me quedan 25.000 pesetas".

–"Bueno, pues entrega lo que puedas y el resto se lo giramos, como usted ya es cliente...".

Compré toda la partida y pensé:

"¡Madre mía!, si no lo pudiera vender... Pues lo devuelvo... Esto no se va a echar a perder".

–"¿Dónde se lo dejamos?"

153

–"En una casa que tengo en la calle Viladomat, en el 2º piso. Lo hacen paquetes y allí lo dejan".

Llegaron a la casa de mi madre con una camioneta, descargaron más de 100 paquetes y llenaron todo el piso.

Cuando llegué al piso, mi madre me preguntó:

–"¿Dónde has dado el atraco? ¡Sin perras!".

Yo estuve sin dormir, porque nunca le había debido nada a nadie y deberle a alguien, para mí es sagrado. Pero llegué a Archivel y los tejidos que en fábrica costaban a más de 14 pesetas el metro, yo los había comprado a 7 pesetas y los puse a 9 pesetas. Venían de todas partes a comprarme y volvían otra vez a repetir, porque lo vendían muy bien y aquellos puntitos que no habían tomado el tinte, hasta hacían más bonito el estampado. Lo vendí todo, fue un gran negocio.

Estaba muy animado. En vez de trabajar en otra cosa, este podría ser mi oficio.

Nunca pensé en dejar el boxeo, pero sí en estabilizarme en mi trabajo y boxear por afición, no por necesidad.

Los viajes a Barcelona duraban tres días.

En Caravaca había una agencia de transportes llamada "Transportes Navarro", donde sólo tenían un camión con tres plazas en la cabina. Hablé con ellos para hacer los viajes. Al principio me cobraban, pero después, como les ayudaba a cargar y a descargar, ya no me cobraban.

Recuerdo un viaje en el que estaba todo nevado. Me dijeron que los tres asientos iban ocupados pero, si quería, podía ir en la parte de atrás del camión, donde llevaban huevos y otras mercancías que compraban por aquí, ya que ellos hacían el mercado de San Antonio y tenían una tienda en Esparraguera.

Aquel camión llevaba unas lonas para cubrir las mercancías. Había caído un nevazo enorme y hacía muchísimo frío, sobre todo al pasar por Jumilla y todo el altiplano, donde el aire helado te congelaba. Llevaban también en el camión un perro lobo, porque los camiones de aquellos tiempos, andaban muy poco, sobre todo en las cuestas arriba, y había gente que aprovechaba para robar las mercancías. ¡Por eso llevaban al perro!. Recuerdo que nos abrazamos el perro y yo, y allí pasamos la noche, debajo de las lonas, castañeteando los dientes los dos.

Así comencé. Todo lo que llevaba al pueblo, lo vendía nada más llegar. Tenía que estar constantemente viajando, esto impedía mis entrenamientos, pero lo compensaban mis beneficios.

Cuando en Barcelona visitaba a mi entrenador, éste me apremiaba y al entrenarme, decía que me encontraba mejor que nunca, y que me tenía preparadas grandes cosas, porque yo por mis circunstancias, no había demostrado todo lo que llevaba dentro.

El negocio funcionaba muy bien, arreglé mi vieja casa. Al principio no pude vivir allí y me quedaba unas veces en la casa de mi abuela y otras en la posada de Perico. Cuando estuvo arreglada, puse en ella un pequeño comercio.

Conforme fui entendiendo el oficio y sabiendo lo que más se demandaba, comencé a comprar grandes partidas. Las compraba por kilos pero las vendía por metros. Como yo no sabía medir, les decía a los arrieros: – "Mídete tu mismo".

Ellos se vigilaban entre sí y, un día, uno me dijo:

–"Oye Felipe, ten cuidado, que he estado mirando, y aquél se está midiendo los metros sin contarlos."

Entonces me acerqué y le dije:

–"Tengo que medir yo".

Los medí y efectivamente, el tío se llevaba más de 20 metros y, encima, se ofendió por haberlo avergonzado. Le dije:

-"Todos nos equivocamos".

Pero pensé que el más equivocado era yo, por darle ocasión al ladrón.

Venían de toda la provincia y de las limítrofes a comprarme al por mayor. En Barcelona alquilaba camiones para traer todo lo que compraba en Sabadell y Tarrasa, que es donde estaban la mayoría de las fábricas.

Mi vida parecía haber encontrado su propio ritmo. Mi Juanita era guapa, lista, buena y además me quería. Estuvimos novios poco más de un año y medio. El día del Pilar de 1947, nos casamos.

Recuerdo un verso que nos hizo Ceferino (mi pariente y amigo), en el libro de las fiestas de Archivel de aquel año, que decía:

Juana y Felipe.
Cuando llegó de Barcelona tenías muchos pretendientes,
pero se alejaron todos por miedo a perder los dientes.

Yo continuaba entrenando, como hasta ahora, en el gimnasio que monté en la parte de atrás del corral y, antes de comprarme el primer coche, iba y volvía todos los días a Caravaca en bicicleta. Tenía por costumbre, salir a la vez que el autobús que subía el correo hasta Archivel, lo adelantaba en la cuesta arriba del cementerio y, aunque el conductor se desafiaba conmigo y hasta algunos pasajeros hacían apuestas, el autobús ya no me podía alcanzar.

Mis padres, a pesar de haber vivido tantos años en Barcelona, no habían conseguido una situación económica estable. Por eso, en uno de mis viajes, les propuse que se viniesen conmigo y aceptaron.

Mi madre tendría unos cincuenta años cuando se instalaron en Caravaca, en un piso situado en la calle de las monjas, muy cerca de la Plaza de las gallinas. Les compré un local en la calle mayor, donde antes se concentraban casi todos los todos los comercios de Caravaca, y les monté una pequeña tienda que yo mismo abastecía con los géneros de Barcelona.

Fueron naciendo nuestros hijos, todos divinos, a los que adoro, con los que disfruto y amplían mi vida.

Y así, casi sin querer, me fui dedicando a mi familia y a mi negocio, mientras que el boxeo se convirtió en mi modo de mantenerme en forma y en mi afición.

Por fin, había alcanzado esa estabilidad que hace que los años pasen en un suspiro, y la sensación de llevar puestos un par de buenos y cómodos zapatos.

FIN

Mi Juanita

www.ingramcontent.com/pod-product-compliance
Lightning Source LLC
Chambersburg PA
CBHW050013100426
42739CB00011B/2628